Clumsy Foo / qam Soy'

QIH'batlh

Ehrenvolle Zerstörung

Logisch Subduktive Klingonische
Philosophie der Gegenwart

Disclaimer

Declaration of Independence

Clumsy Foo / qam Soy'

QIH'batlh

Ehrenvolle Zerstörung

Logisch Subduktive Klingonische Philosophie der Gegenwart

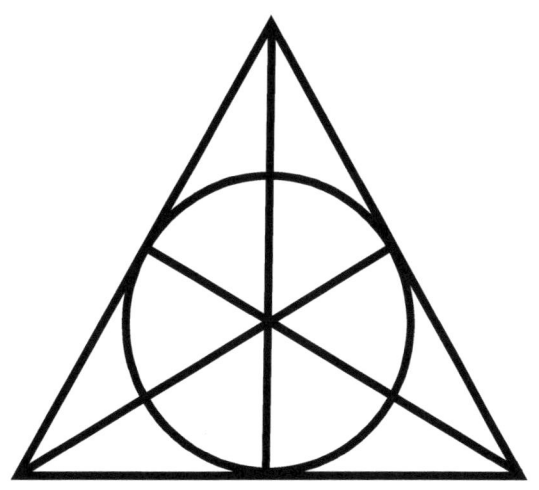

Bibliografische Information der Deutschen Nationalbibliothek:
Die Deutsche Nationalbibliothek verzeichnet diese
Publikation in der Deutschen Nationalbibliografie;
detaillierte bibliografische Daten sind über

http://dnb.dnb.de

im Internet abrufbar.

Herstellung und Verlag:
BoD - Books on Demand, Norderstedt

ISBN: 978-3-7543-5264-9

qa' wIje'meH maSuv

spirit we enrich him for we fight
(We fight to enrich the spirit.)

Wir kämpfen um den Geist zu bereichern.

Inhalt

Grundlagen: Grund und Lagen

Subduktion ist weder Induktion noch Deduktion. Nach allem, was wir wissen, ist Subduktion gleichzeitig Induktion und Deduktion. Dieses philosophische Bild der ausschließlichen Einschließlichkeit ist zentral für ein Verständnis klingonischer Wirkungsmuster. Sie spiegeln ein Weltverständnis wieder, das Reduktion und Produktion gleichzeitig möglich macht.

Die Konsequenz dieses Ansatzes ist leitgebend für alle Aspekte klingonischer Philosophie: Subduktion ist weder Reduktion noch Produktion. Nach allem, was wir wissen, ist Subduktion gleichzeitig Reduktion und Produktion. Subduktion ist einschließende Ausschließlichkeit und ausschließende Einschließlichkeit.

Das führt dazu, dass klingonische Philosophie ergebnisorientiert ist, während die menschlich-terrane Philosophie prozessorientiert ist. Ein einfaches Beispiel kann dies verdeutlichen:

$$5 \times 1,8 = 9$$

Die menschlich-terrane Sichtweise auf diesen philosophischen Satz erster Güte ist auf den Prozess gerichtet. In einer Transformation (Prozess) wird der Wert 5 durch Multiplikation mit dem Wert 1,8 in den Wert 9 überführt. Diese prozessuale Sichtweise beschreibt einen glatten, kontinuierlichen Übergang.

Wir Humanoiden des Planeten Terra ziehen mental förmlich an der Fünf, die immer länger und länger wird, bis sie eine 1,8-fache Länge und damit die Länge der Neun aufweist. Unsere gesamte Weltbeschreibung wird durch solche kontinuierlich gleitenden Prozesse dominiert. Der Prozess – also die Multiplikation mit 1,8 – steht im Zentrum unseres menschlich-terranen Denkens.

Im Gegensatz dazu ist die subduktive klingonische Sichtweise brachial ergebnisorientiert. Das Ziel steht im Zentrum der klingonischen Weltbetrachtung. Alles, was dem Ziel im Wege steht, wird beseitigt, eliminiert, zerstört, aus dem Weg geräumt, um dem Ziel, hier die Erschaffung der Neun, näher zu kommen.

In diesem Sinne ist die klingonische Philosophie analytischer, feinfühliger als die menschlich-terrane Philosophie, da sie den Prozess, den wir Humanoiden als Einheit sehen, analytisch aufspaltet in eine Zerstörung mit anschließender Erschaffung.

Aus klingonischer Sicht wird also nicht die eine Zahl 5 kontinuierlich in die andere Zahl 9 überführt. Nein, die 5 wird zerstört, um die 9 schaffen zu können.

Klingonische Philosophen sehen den beispielhaft gegebenen Satz somit als einen Satz, der Reduktion und Produktion gleichzeitig beschreibt:

$$5 \times (1/5) \times 9 = 9$$

Im ersten Schritt (Reduktion) wird die 5 zerstört:

$$5 \times (1/5) = 1$$

Sodann wird die 9 (Produktion) erschaffen:

$$1 \times 9 = 9$$

Dieses analytische, in zwei Einzelschritte (oder besser: in zwei Einzelsprünge) aufspaltendes Denken ist charakteristisch für klingonische Weltsysteme. Es wird schon von Anbeginn an von klingonischen Philosophen verfolgt und ist an zentraler Stelle im klingonischen Schöpfungsmythos (siehe Schönfeld et al. 2011) angelegt. Dieser Schöpfungsmythos beginnt im lut cherlu' mit genau diesem Motiv:

> It began with destruction of everything,
> Energy, gods, matter,
> Everything will eventually destroy itself

Um das Neue erschaffen zu können, wird das Alte zerstört. Oder weit radikaler: Das Alte zerstört sich selbst.

Diese Zerstörung erfolgt allerdings nicht in einer

philosophisch unumkehrbaren Weise durch Setzung einer Unendlichkeit und der Schaffung eines vollkommenen Nichts, so wie wir Humanoiden eine Zerstörung beschreiben würden:

$$5 \times (1/\infty) = 5 \times 0 = 0$$

Die menschliche Zerstörung ist unumkehrbar, endgültig und abschließend. Die klingonische Zerstörung dagegen ist kreative, ermöglichende und erschaffende Zerstörung:

$$5 \times (1/5) = 1$$

Nach dieser Zerstörung ist nicht mehr Nichts da, also kein endloses, immerwährendes Un-Sein und somit keine endgültige Null, sondern es wird zerstört, indem alles zu einem Gleichen, alles zu einem Einheitlichen, zu einer ununterscheidbaren Eins wird. Alles wird Eins, zu genau der 1, die wir Humanoiden als ein neutrales Element der Multiplikation betrachten. Zerstörung bedeutet somit auch immer Neutralisierung.

Und in dieser Eins, also keinem vernichtenden Nichts, sondern einem neutralen Nichts, steckt das Potential des Neuen, des kreativ zu Erschaffenden. Konsequent fährt der klingonische Schöpfungsmythos (siehe Schönfeld et al. 2011) im lut cherlu' fort:

> Out of the end
> Came the beginning,
> ... creation.

Anstelle eines menschlich-terranen

$$0 \times 9 = 0$$

des unendlich andauernden ewigen Nichts der Null zeigt das klingonische Weltbild ein optimistisches, auf die Zukunft gerichtetes, ergebnisorientiertes

$$1 \times 9 = 9$$

Die Konsequenzen der klingonischen Herangehensweise

sind weitreichend. Anstelle einer Verzettelung im Prozess findet sich eine effektive Zielfixierung im Ergebnis. Dies macht die klingonische Philosophie wirkungsmächtig und durchsetzungsstark. Und dies verschafft der klingonischen Philosophie eine stringente Eleganz, die der menschlich-humanen Herangehensweise fehlt.

Klingonische Elementarstrukturen

Die grundlegende Formensprache klingonischer Weltbeschreibungen ist nicht geo-logisch, also nicht terran erdbezogen, und somit nicht geo-metrisch. Der griechische Begriff des „Geo" ist dem Klingonischen fremd. Vielmehr bezieht sich die klingonische Formensprache auf den griechischen Begriff des „Chronos" und ist streng zeitbezogen.

An die Stelle einer menschlichen Geo-Metrie tritt die klingonische Chrono-Metrie. Die klingonische Kultur wertet den Zeitbegriff deutlich höher als die human-terrane Kultur, was sich auch in der Namensgebung der planetaren Heimstatt wiederspiegelt.

Diese deutliche Höherwertung wird auch durch die philosophische Charakterisierung der Grundformen klingonischer Elementarstrukturen (Humanoide nennen diese Elementarstrukturen „Zahlen") ausgedrückt.

Klingonische Elementarstrukturen („Zahlen") werden streng chrono-logisch unterteilt in „alte Zahlen" oder vielleicht besser: „altertümliche Zahlen" (mI'mey tIQ) und „neue Zahlen" (mI'mey chu') oder vielleicht besser „junge Zahlen" (mI'mey Qup).

Die klingonischen alten Zahlen entsprechen in etwa den terrestrischen reellen Zahlen und sind skalarwertig. Im klingonischen Kulturraum existiert nur eine einzige Art alter Zahlen, die in der Schreibung genau so, wie wir das auf der Erde auch mit den reellen Zahlen machen, ausgedrückt wird. Wir schreiben einzig das Zahlensymbol als eine Ziffernfolge im Zehner-System und ohne weitere Ergänzung.

Wie auch in der terrestrischen Philosophie quadrieren klingonische alte Zahlen immer positiv (oder zu Null im Falle der Null):

$$(\text{alte Zahl})^2 \geq \text{Null} \qquad \text{ist also positiv}$$

Es gibt allerdings mehrere Arten klingonischer neuer Zahlen. Zum einen finden sich in der klingonischen Philosophie glückliche Zahlen (mI'mey Quch) und stolze Zahlen (mI'mey Hem). Diese jungen Zahlen können in irdisch-humanoider Vorstellung am besten als imaginär oder quaternionisch beschrieben werden, denn sie quadrieren negativ:

$$(\text{glückliche Zahl})^2 \leq \text{Null} \qquad \text{ist also negativ}$$

$$(\text{stolze Zahl})^2 \leq \text{Null} \qquad \text{ist also negativ}$$

In terrestrischer Schreibung hat sich die Nutzung von Pfeilsymbolen für diese Zahlen als vorteilhaft erwiesen. Eine glückliche Fünf wäre also eine 5↑. Eine stolze Drei wäre eine 3↓.

Die klingonische Philosophie ist sehr stolz darauf, dass zur Beschreibung dreidimensionaler Räume lediglich alte Zahlen, glückliche Zahlen und stolze Zahlen benötigt werden. Im Gegensatz dazu müssen in der menschlich-terrestrischen Philosophie, die auf der Ideenformung durch Quaternionen beruht, alte Zahlen und drei Arten junger Zahlen (im humanoiden Bereich somit als „quaternionisch" gedeutet) zur Beschreibung dreidimensionaler Räume herangezogen werden.

Diese Überlegenheit klingonischer Erklärungsmuster drückt sich auch in der oft von Klingonen gehörten Charakterisierung menschlich-humaner Philosophie als „Hamilton hat eine flache Stirn" oder noch stärker „Hamiltons Mutter hat eine flache und faltenlose Stirn" aus.

Selbstverständlich gibt es auch in der klingonischen Philosophie weitere junge Zahlen, die ein negatives

Quadrat aufweisen. Sie werden aber nur benötigt, wenn in vier- oder fünfdimensionalen Räume gearbeitet werden soll.

Diese zusätzlichen quaternionenartigen oder pentagonienartigen Zahlen sind: Eindrucksvolle Zahlen (mI'mey Doj) und lustige Zahlen (mI'mey tlhaQ).

Zur Darstellung dieser Zahlen sind horizontale Pfeilangaben üblich. Eine eindrucksvolle Sieben ist also eine 7→. Eine lustige Vier ist eine 4←. Wie gesagt: Auch diese jungen Zahlen quadrieren negativ:

$$(\text{eindrucksvolle Zahl})^2 \leq \text{Null} \qquad \text{ist also negativ}$$

$$(\text{lustige Zahl})^2 \leq \text{Null} \qquad \text{ist also negativ}$$

Junge Zahlen können in alte Zahlen umgewandelt werden, indem man sie quadriert. Bei den beispielhaft gegebenen vier jungen Zahlen entstehen so die folgenden alten klingonischen Zahlen:

$$(5\uparrow)^2 = 5\uparrow \text{ x } 5\uparrow = 25\uparrow\uparrow = 25 \text{ x } (-1) = -25$$

$$(3\downarrow)^2 = 3\downarrow \text{ x } 3\downarrow = 9\downarrow\downarrow = 9 \text{ x } (-1) = -9$$

$$(7\rightarrow)^2 = 7\rightarrow \text{ x } 7\rightarrow = 49\rightarrow\rightarrow = 49 \text{ x } (-1) = -49$$

$$(4\leftarrow)^2 = 4\leftarrow \text{ x } 4\leftarrow = 16\leftarrow\leftarrow = 16 \text{ x } (-1) = -16$$

Unter klingonischen Philosophen gab es jahrhundertelang einen erbitterten Streit darüber, ob die gewünschte Zerstörung junger Zahlen nun mit Hilfe einer Quadratur zu bewerkstelligen sei, oder ob die Zerstörung auf Grundlage einer anderen Transmutation zu erfolgen habe.

Die erste, die Quadratur bevorzugende Gruppe klingonischer Philosophen argumentierte:

Um die glückliche Zahl 5↑ zu zerstören, muss sie mit der folgenden glücklichen Zahl multipliziert werden, die im menschlich-terranen Sprachgebrauch als Inverse oder Reziproke der 5↑ bezeichnet werden könnte:

$$\frac{1}{5\uparrow} = \frac{5\uparrow}{(5\uparrow)^2} = \frac{5\uparrow}{-25} = -\frac{1\uparrow}{5} = -0.2\uparrow$$

Dabei erfolgt im Nenner eine Quadratur, da mit der ursprünglichen glücklichen Zahl 5↑ erweitert wird.

Die Zerstörung der glücklichen Fünf durch Generierung einer alten Eins erfolgt dann zwanglos durch:

$$5\uparrow \times (-0.2\uparrow) = -1\uparrow\uparrow = -1 \times (-1) = 1$$

Das kann man so machen, wird aber in der klingonischen Philosophie heute so nicht mehr verfolgt.

Aus den in den Beatushöhlen aufgefundenen klingonischen Dokumenten (Ernsting 1985) geht eindrücklich hervor, dass sich in der zeitgenössischen klingonischen Philosophie die zweite, transmutierende Sichtweise durchgesetzt hat.

Diese transmutierende Sichtweise ist von der mystischen Idee durchdrungen, dass Zahlen magisch verformt, also bezaubert oder verzaubert werden müssen, um sie zerstören zu können. Bei dieser magischen Verformung zeigen sich alte, wahrhaftig Äonen überdauernde Zahlen als stabil und unabänderlich, während junge, noch neue Zahlen instabil werden und einer Vorzeichenumkehr unterliegen.

Diese magische Verformung oder Verzauberung kann im menschlich-terranen Denken grob mit der Idee der komplexen Konjugation gleichgesetzt werden. Sie wird hier deshalb auch mit dem Symbol des hochgestellten Konjugations-Sterns beschrieben. Die magisch verformte glückliche Fünf erleidet als junge Zahl eine Vorzeichenumkehr und lautet:

$$(5\uparrow)^* = -5\uparrow$$

Die Bildung der Reziproken erfolgt nun nicht mehr mit Hilfe einer Quadratur im Nenner, sondern durch Erweiterung des Bruchausdruckes mit der magisch verformten glücklichen Fünf:

$$\frac{1}{5\uparrow} = \frac{1 \times (5\uparrow)^*}{5\uparrow \times (5\uparrow)^*} = \frac{1 \times (-5\uparrow)}{5\uparrow \times (-5\uparrow)} = \frac{-5\uparrow}{-25\uparrow\uparrow} = \frac{-1\uparrow}{5} = -0.2\uparrow$$

Aus naiv-humanoider Sichtweise mag der Unterschied auf den ersten Blick trivial erscheinen, da sowohl der konzeptionelle Ausgangspunkt 1/5↑ sowie das Resultat -0.2↑ deckungsgleich und aus menschlich-terraner Sicht äquivalent sind.

Im klingonischen Kulturraum führte die Auseinandersetzung zwischen diesen beiden philosophischen Ansätzen jedoch zu einem erbitterten, auch militärisch ausgetragenem Streit, der auf beiden Seiten zahlreiche Todesopfer forderte. Letztendlich erfolgreich war die mystisch-magische Seite, die auch unter Einsatz von Nuklearwaffen die opponierende Seite abschließend erfolgreich überzeugen konnte.

Seitdem stellt die magische Verformung von Zahlen (also die komplexe Konjugation) einen wesentlichen Bestandteil der klingonischen Philosophie dar. Die Nutzung einer Quadratur wird von konservativen Philosophen einer Art Hochverrat gleichgestellt und auch heute noch lebende Protagonisten der quadrat-basierten Philosophie werden lautstark als sogenannte „Mathematiker" verhöhnt.

Abschließend sei hier noch die Bildung der Reziproken und anschließend die Zerstörung der stolzen Drei angeführt.

Magische Verformung der stolzen Drei:

$$(3\downarrow)^* = -3\downarrow$$

Reziprokenbildung:

$$\frac{1}{3\downarrow} = \frac{1 \times (3\downarrow)^*}{3\downarrow \times (3\downarrow)^*} = \frac{1 \times (-3\downarrow)}{3\downarrow \times (-3\downarrow)} = (-1/3)\downarrow$$

Zerstörung der stolzen Drei:

$$3\downarrow \times (-1/3)\downarrow = -1\downarrow\downarrow = 1$$

Natürlich kann das auch mit der eindrucksvollen
Sieben oder der lustigen Vier gemacht werden.

Zerstörung der eindrucksvollen Sieben:

$$7\rightarrow \times (-1/7)\rightarrow = 1$$

Zerstörung der lustigen Vier:

$$4\leftarrow \times (-1/4)\leftarrow = 1$$

Alles dies sind Zahlen! Auch wenn ein Pfeilsymbol
vorhanden ist, ist dieses Pfeilsymbol Teil der Zahl.
Wie bereits gesagt: Die klingonische alte Vier wird
als ganz einfache Vier dargestellt: 4. Die klingonische lustige Vier ist eine einzige Zahl, die durch
„Vier Pfeil nach links" dargestellt wird: 4←.

Und die entsprechende Reziproke ist auch eine einzige
lustige Zahl, die durch „Minus ein Viertel Pfeil nach
links" oder „Minus Null Komma Zwei Fünf Pfeil nach
links" dargestellt wird: $(-1/4)\leftarrow = -0,25\leftarrow$.

Im menschlich-terranen Sprachgebrauch wird die zu-
grundeliegende mathematische Operation übrigens als
„Normierung" bezeichnet:

$$(1\uparrow)^2 = -1$$

$$(1\downarrow)^2 = -1$$

$$(1\rightarrow)^2 = -1$$

$$(1\leftarrow)^2 = -1$$

Klingonische Philosophen vermeiden jedoch solche
sprachlich diffizilen Ausdrucksformen und schauen einfach in ihren Multiplikationstabellen (Forschungsgruppe Beatushöhlen) nach, so dass Klingonen ohne Nutzung
des verdächtigen Quadratbegriffs dort einfach lesen:

$$1\uparrow \times 1\uparrow = 1\uparrow\uparrow = -1 \qquad 1\rightarrow \times 1\rightarrow = 1\rightarrow\rightarrow = -1$$

$$1\downarrow \times 1\downarrow = 1\downarrow\downarrow = -1 \qquad 1\leftarrow \times 1\leftarrow = 1\leftarrow\leftarrow = -1$$

Fortgeschrittene Chronometrie

Mit diesen alten und jungen Zahlen lässt sich jetzt ganz einfach rechnen. Es muss dabei nur berücksichtigt werden, dass zwar mit allen möglichen Zahlenarten gerechnet werden kann. Eine vereinfachende Darstellung ist aber nur bei Zahlen gleichen Typs möglich.

So sind eine glückliche Fünf und eine glückliche Zwölf zusammen eine glückliche Siebzehn:

$$5\uparrow + 12\uparrow = 17\uparrow$$

Natürlich kann eine glückliche Fünf auch zu einer stolzen Zwölf addiert werden. Das Ergebnis ist dann:

$$5\uparrow + 12\downarrow = (5\uparrow + 12\downarrow)$$

Die Zahl in der Klammer ist eine einzige Zahl, nämlich das Ergebnis der Summe der glücklichen Fünf und der stolzen Zwölf. Aber obwohl es nur eine einzige Zahl ist (dies wird durch die Klammer angedeutet), kann sie nicht einfacher geschrieben werden. Menschen kennen das von den komplexen Zahlen. 5 plus 12 i lässt sich auch nur als

$$5 + 12i = (5 + 12i)$$

schreiben. Einfacher geht es nicht. Man schreibt es halt ausführlich hin, auch wenn wir Humanoiden oft recht faul sind und die Klammer einfach weglassen:

$$5 + 12i = 5 + 12i$$

Und ob nun ein menschlich-terranes i oder ein klingonisch chronoaner Pfeil geschrieben wird, ist in unserem Universum reine Geschmackssache. (PS: Vulkanier können über solche Schreibweisen übrigens nur verwundert den Kopf schütteln. Sie verwenden im Rahmen der vulkanischen Geometrie, also der Vulkanochromie Farben zur Darstellung ähnlicher Größen.)

Nun zu den Multiplikationen. Da wird der philosophische Ansatz etwas tricky, etwas verzwickt, denn junge Zahlen sind reihenfolgensensitiv. Diese Reihenfolgensensitivität hat zur Folge, dass die Reihenfolge der Zahlenarten immer beibehalten werden muss.

Ändert sich die Reihenfolge zweier benachbarter Pfeilsymbole, muss ein zusätzliches Minuszeichen eingefügt werden.

Das ist zwar logisch - und zwar sowohl auf der Erde (also geologisch) wie auch auf Chronos (also chronologisch). Aber obwohl es logisch ist, ist es nicht ganz einfach, so dass für den klingonischen Schulunterricht endlos lange Multiplikationstabellen erstellt wurden. Schülerinnen und Schüler können dort die jeweiligen Multiplikationsergebnisse nachschlagen.

Hier einige Beispiele für einfache Multiplikationen:

5↑ x 12↓ = 60↑↓

Wird eine glückliche Fünf mit einer stolzen Zwölf multipliziert, ergibt sich eine glücklich-stolze Sechzig. Weil: fünf mal zwölf gleich sechzig. Und glücklich mal stolz gleich glücklich-stolz.

Eine ganz andere Rechnung aufgrund der gänzlich anderen Reihenfolge wäre aber:

5↓ x 12↑ = 60↓↑ = -60↑↓

Wird eine stolze Fünf mit einer glücklichen Zwölf multipliziert, ergibt sich eine stolz-glückliche Sechzig. Weil: fünf mal zwölf gleich sechzig. Und stolz mal glücklich gleich stolz-glücklich.

Klingonische Philosophen schreiben aber nie eine stolz-glückliche Zahl als Endergebnis auf. Nie, nie und wirklich nimmer nie ist das ein klingonisch korrektes Endergebnis! Klingonen drehen die Reihenfolge immer in glücklich-stolz um und berücksichtigen dabei das zusätzliche Minuszeichen.

Endergebnisse werden also immer unter Berücksichtigung der Reihenfolge angegeben. Immer zuerst das Glückliche, dann das Stolze, dann das Eindrucksvolle und ganz zum Schluss erst das Lustige.

Diese Reihenfolgenfixierung ist ja bereits aus der klingonischen Grammatik bekannt, in der die einzelnen Suffix-Typen immer und immer nur in einer vorgegebenen Reihenfolge angefügt werden müssen. Klingonische Schülerinnen und Schüler würden sich sehr wundern, wenn es hier anders wäre.

Also ein paar Beispiele:

1 x 2↑ x 3↓ x 4→ x 5← = 120↑↓→←

Eine alte Eins, multipliziert mit einer glücklichen Zwei, dann mit einer stolzen Drei, dann mit einer eindrucksvollen Vier und zum Schluss mit einer lustigen Fünf ergibt eine glücklich-stolz-eindrucksvoll-lustige Hundertzwanzig.

6↓ x 7 x 8↑ x 9← = 3024↓↑← = -3024↑↓←

Eine stolze Sechs, multipliziert mit einer alten Sieben, dann mit einer glücklichen Acht und zum Schluss mit einer lustigen Neuen ergibt eine stolz-glücklich-lustige Dreitausendvierundzwanzig, die aber aufgrund der falschen Reihenfolge nur ein korrektes Zwischenergebnis, nicht aber eine endgültiges Endergebnis sein kann.

Das endgültige Endergebnis ergibt sich durch Vertauschung der Reihenfolge der beiden benachbarten stolz-glücklich-Pfeile zu einer insgesamt Minus glücklich-stolz-lustigem Dreitausendvierundzwanzig.

Bei der Reihenfolgenanpassung muss berücksichtigt werden, dass immer nur benachbarte Zahlenpfeile vertauscht werden dürfen. Dies macht manchmal mehrere Zwischenschritte notwendig, in denen dann jeweils ein zusätzliches Minuszeichen berücksichtigt werden muss.

Also beispielsweise:

$2_\rightarrow$ x $6_\downarrow$ x 3 x $5_\uparrow$ = $180_{\rightarrow\downarrow\uparrow}$ = $-180_{\rightarrow\uparrow\downarrow}$

$$= -(-180)_{\uparrow\rightarrow\downarrow} = 180_{\uparrow\rightarrow\downarrow}$$

$$= -180_{\uparrow\downarrow\rightarrow}$$

Hier wird zuerst der glücklich-Pfeil ganz hinten mit dem vor ihm stehenden stolz-Pfeil vertauscht (ergibt ein zusätzliches Minuszeichen).

Dann wird der nun in der Mitte stehende glücklich-Pfeil mit dem vor ihm stehenden eindrucksvoll-Pfeil vertauscht. Dies ergibt ein weiteres Minuszeichen, das das vorige Minuszeichen aufhebt, da Minus mal Minus plus ergibt.

Der glücklich-Pfeil steht dann ganz vorne und damit da, wo er stehen muss. Nun muss nur noch der stolz-Pfeil ganz hinten in die Mitte getauscht werden. Das ergibt dann erneut ein zusätzliches Minuszeichen.

Eine eindrucksvolle Zwei, multipliziert mit einer stolzen Sechs, dann mit einer alten Drei und zum Schluss mit einer glücklichen Fünf ergibt also insgesamt eine Minus glücklich-stolz-eindrucksvolle Hundertundachtzig.

Ach ja, viel einfacher wird es, wenn zwei identische Pfeilsymbole in der Rechnung auftauchen. Sie müssen dann zuerst so getauscht werden, dass sie benachbart stehen. Dann können sie - wie in den klingonischen Multiplikationstabellen angegeben - zu Minus Eins zusammengefasst werden. Ein Beispiel:

$4_\downarrow$ x $3_\rightarrow$ x $2_\uparrow$ x $1_\downarrow$ = $24_{\downarrow\rightarrow\uparrow\downarrow}$

$$= -24_{\downarrow\uparrow\rightarrow\downarrow}$$

$$= -(-24)_{\uparrow\downarrow\rightarrow\downarrow}$$

$$= 24_{\uparrow\downarrow\rightarrow\downarrow}$$

$$= -24_{\uparrow\downarrow\downarrow\rightarrow} \qquad \text{Hier ist } 24_{\downarrow\downarrow} = -24$$

$$= -(-24)_{\uparrow\rightarrow}$$

$$= 24_{\uparrow\rightarrow}$$

Eine stolze Vier, multipliziert mit einer eindrucksvollen Drei, dann mit einer glücklichen Zwei und zum

Schluss mit einer stolzen Eins ergibt also insgesamt eine glücklich-eindrucksvolle Vierundzwanzig, da die beiden miteinander multiplizierten stolz-Pfeile zu Minus Eins zusammengefasst werden können, sobald sie nebeneinander stehen.

Grundbücher: Grund und Bücher

Einer klingonischen Legende zufolge soll ein armseliger, vollkommen flachstirniger, nahezu bankrotter Buchhändler auf Chronos als Erster auf die Idee gekommen sein, die klingonischen Zahlen chronometrisch in einem Koordinatensystem darzustellen.

Dieser Buchhändler, dessen Namen in Vergessenheit geraten ist, interpretierte alte Zahlen in einem solchen Koordinatensystem als nach rechts weisend und glückliche Zahlen als nach oben weisend.

Darüber hinaus wurden von diesem Buchhändler stolze Zahlen als nach vorne weisend interpretiert. Und hier muss angemerkt werden, dass dies menschlich-terranen Buchhändlern nicht gelingt, nicht gelingen kann, denn klingonische Buchhändler leben in einer fünfdimensionalen Welt, während menschlich-terrane Buchhändler nur zweidimensional verortet sind.

Und weil klingonische Buchhändler auf Chronos fünfdimensional denken und solche Sachen sagen wie: „It appears, furthermore, that space, time, and the Hubble expansion of the universe can be unified into one group of five-dimensional transformations..." (Carmeli 1997), interpretieren klingonische Buchhändler die eindrucksvollen Zahlen als in eine vierte räumliche Richtung weisend.

Diese vierte räumliche Richtung steht senkrecht zu den drei räumlichen Richtungen, die auf Terra von uns Humanoiden wahrgenommen werden.

Aber damit nicht genug: Klingonische Buchhändler weisen auch den lustigen Zahlen eine eigene Richtung zu, die wiederrum senkrecht zu den bisherigen vier Richtungen platziert ist.

Die Zahl $(3 + 4\uparrow + 6\downarrow + 8\rightarrow + 10\leftarrow)$ beschreibt somit einen Punkt in dieser fünfdimensionalen klingonischen Buchhändlerwelt, der erreicht wird, wenn man vom Ursprung des Koordinatensystems 3 Einheitsschritte in die alte Richtung (also nach rechts) geht, dann weitere vier Einheitsschritte in die glückliche Richtung (also nach oben), dann weitere sechs Einheitsschritte in die stolze Richtung (also nach vorne), dann weitere acht Einheitsschritte in die eindrucksvolle Richtung (für die wir terranischen Humanoiden keine Richtungsbezeichnung besitzen) und dann zum Schluss weitere zehn Einheitsschritte in die lustige Richtung (die für uns terranisch-rückständigen Humanoiden ebenfalls namenslos ist).

Insgesamt ist dieser Punkt genau fünfzehn Einheitsschritte vom Ursprung des klingonischen Koordinatensystems entfernt, denn die Multiplikation des Ortsvektors $(3 + 4\uparrow + 6\downarrow + 8\rightarrow + 10\leftarrow)$ mit dem magisch verformten Ortsvektor

$$(3 + 4\uparrow + 6\downarrow + 8\rightarrow + 10\leftarrow)^* = (3 - 4\uparrow - 6\downarrow - 8\rightarrow - 10\leftarrow)$$

ergibt ja genau $9 + 16 + 36 + 64 + 100 = 225$ und damit das Quadrat von fünfzehn. Aber dazu erst später mehr.

Zuerst betrachten wir den einfachen Fall, dass die beiden alten und glücklichen Koordinatenachsen in einem flachen, zweidimensionalen Raum, also einer Ebene, nach rechts und nach oben weisen. Destroy them! Zerstören wir sie! Klingonen schaffen Neues, indem sie das Alte zerstören.

Und in der klingonischen Philosophie werden Koordinatenachsen zerstört. Zerstören wir also die glückliche Achse, die in Richtung des Einheitsschrittes $1\uparrow$ weist. Dieser Einheitsschritt stellt den Achsenvektor dar, aber das ist nur eine menschlich-terrane Beschreibung, denn Klingonen sehen $1\uparrow$ nicht als Vektor, sondern als eine Zahl, und zwar als glückliche Zahl.

Die Zerstörung erfolgt, indem der Achsenvektor, also die glückliche Zahl 1↑ mit ihrem magisch verformten Gegenstück

$$(1↑)^* = -1↑$$

multipliziert wird. Das ergibt dann die neutrale Eins:

$$1↑ \times (1↑)^* = 1↑ \times (-1↑) = -1↑↑ = -(-1) = 1$$

Klingonische Schülerinnen und Schüler lernen dies schon im zweiten Jahr mit Hilfe ihrer Multiplikationstabellen:

mI' Quchlogh boq'egh mI' Quch; chen mI' tIQ Dop
   1↑   x   1↑   =   -1

Eine positive glückliche Zahl, multipliziert mit einer weiteren positiven glücklichen Zahl, ergibt eine negative alte Zahl.

Oder aber wie hier:

mI' Quchlogh boq'egh mI' Dop Quch; chen mI' tIQ
   1↑   x   (-1↑)   =   1

Eine positive glückliche Zahl (hier 1↑), multipliziert mit einer negativen glücklichen Zahl (hier -1↑), ergibt eine alte Zahl (hier also genau das Zerstörungsresultat 1).

Zerstörung bedeutet Neutralisierung. Der Achsenvektor 1↑ wurde neutralisiert und zerstört.

Klingonisch-philosophisch ist eine Achsenzerstörung nichts anderes als eine Multiplikation mit dem magisch verformten Achsenvektor.

Nach der Zerstörung erfolgt die Erschaffung einer neuen Achse. Dazu wird einfach ein neuer Achsenvektor von rechts anmultipliziert, beispielsweise der Achsenvektor (0,6 + 0,8↑), den Klingonen natürlich immer als Zahl denken. Diese klingonische Zahl ist zusammengesetzt aus einem alten und einem glücklichen Anteil.

Und diese zusammengesetzte Zahl stellt einen menschlich-terranen Achsenvektor dar, da er eine Länge eines Einheitsschrittes aufweist:

$$(0,6 + 0,8\uparrow) \ \text{x} \ (0,6 + 0,8\uparrow)^{*}$$
$$= (0,6 + 0,8\uparrow) \ \text{x} \ (0,6 - 0,8\uparrow)$$
$$= 0,6 \ \text{x} \ 0,6 + 0,6 \ \text{x} \ (-0,8\uparrow)$$
$$+ \ 0,8\uparrow \ \text{x} \ 0,6 + 0,8 \ \text{x} \ (-0,8\uparrow)$$
$$= 0,36 - 0,48\uparrow + 0,48\uparrow - 0,64\uparrow\uparrow$$
$$= 0,36 + 0,64$$
$$= 1$$

Wir multiplizieren also mit dem magisch verformten ursprünglichen Achsenvektor um die ursprüngliche Koordinatenachse zu zerstören und multiplizieren dann mit einem neuen Achsenvektor, um die neue Koordinatenachse zu erschaffen:

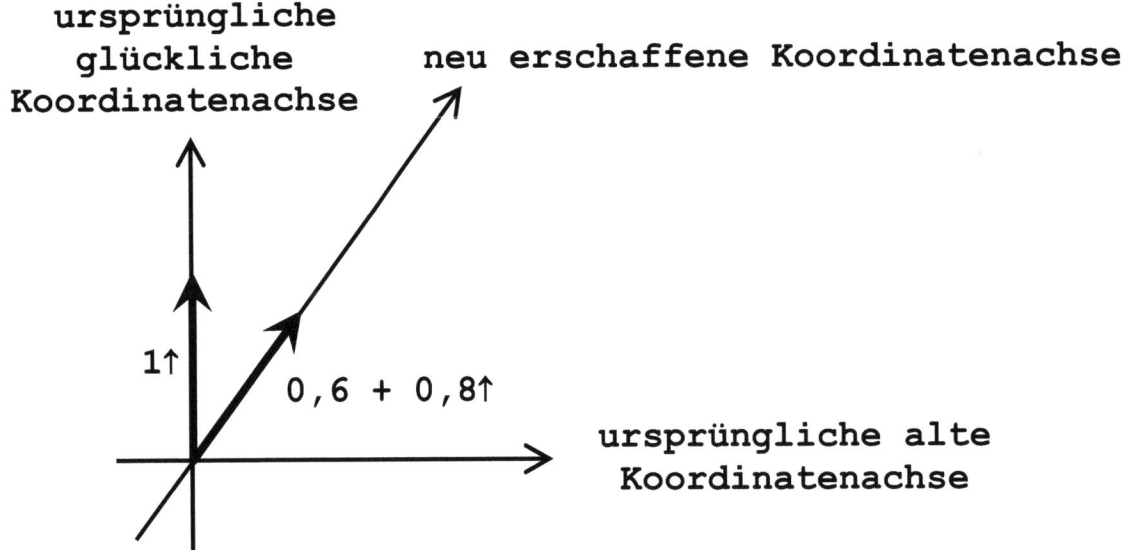

Zerstörung ist immer allumfassend und alles umgreifend! Natürlich wird im klingonischen Weltverständnis nicht nur die ursprüngliche glückliche Koordinatenachse zerstört und neu erschaffen:

$$1\uparrow \text{ x } (1\uparrow)^{*} \text{ x } (0,6 + 0,8\uparrow) = 1\uparrow \text{ x } (-1\uparrow) \text{ x } (0,6 + 0,8\uparrow)$$

$$= 0,6 + 0,8\uparrow$$

Selbstverständlich muss immer auch die zweite Koordinatenachse durch die gleichen philosophischen Transmutationen zerstört und neu erschaffen werden.

Da die zweite Koordinatenachse in die Richtung der alten Zahlen zeigt, ist der Achsenvektor dieser Achse ein Einheitsschritt in die alte Richtung 1. Dieser Achsenvektor von 1 wird nun ebenfalls der gleichen Zerstörung und der gleichen Erschaffung unterworfen:

$$1 \text{ x } (1\uparrow)^{*} \text{ x } (0,6 + 0,8\uparrow)$$

$$= 1 \text{ x } (-1\uparrow) \text{ x } (0,6 + 0,8\uparrow)$$

$$= -1\uparrow \text{ x } (0,6 + 0,8\uparrow)$$

$$= -0,6\uparrow - 0,8\uparrow\uparrow$$

$$= -0,6\uparrow + 0,8 = 0,8 - 0,6\uparrow$$

Das vollständig zerstörte und neu erschaffene Koordinatensystem hat somit die folgende Struktur:

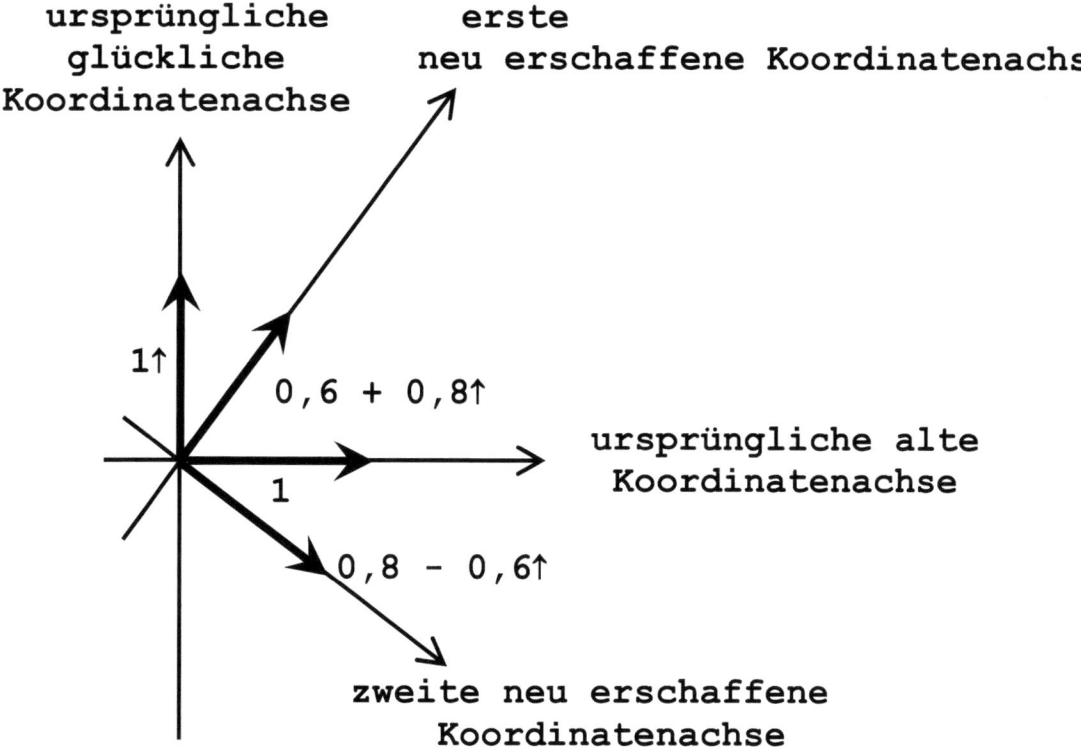

ursprüngliche glückliche Koordinatenachse

erste neu erschaffene Koordinatenachse

$1\uparrow$

$0,6 + 0,8\uparrow$

1

ursprüngliche alte Koordinatenachse

$0,8 - 0,6\uparrow$

zweite neu erschaffene Koordinatenachse

Die Welt wäre langweilig, wenn es nichts zu zerstören gäbe. Im bisherigen Beispiel ist das Koordinatensystem ja vollkommen leer. Um nun etwas zerstören und neu erschaffen zu können, zeichnen wir ein Dreieck in das ursprüngliche Koordinatensystem ein, das wir dann klingonisch zerstören und klingonisch neu erschaffen werden.

Die Eckpunkte dieses Dreiecks befinden sich an folgenden Positionen: a = 20 + 5↑   (Punkt A)
                          b = 25 + 10↑   (Punkt B)
                          c = 10 + 10↑   (Punkt C)

Das sieht dann so aus wie im der folgenden Abbildung, wenn der Maßstab sinnvoll angepasst wird:

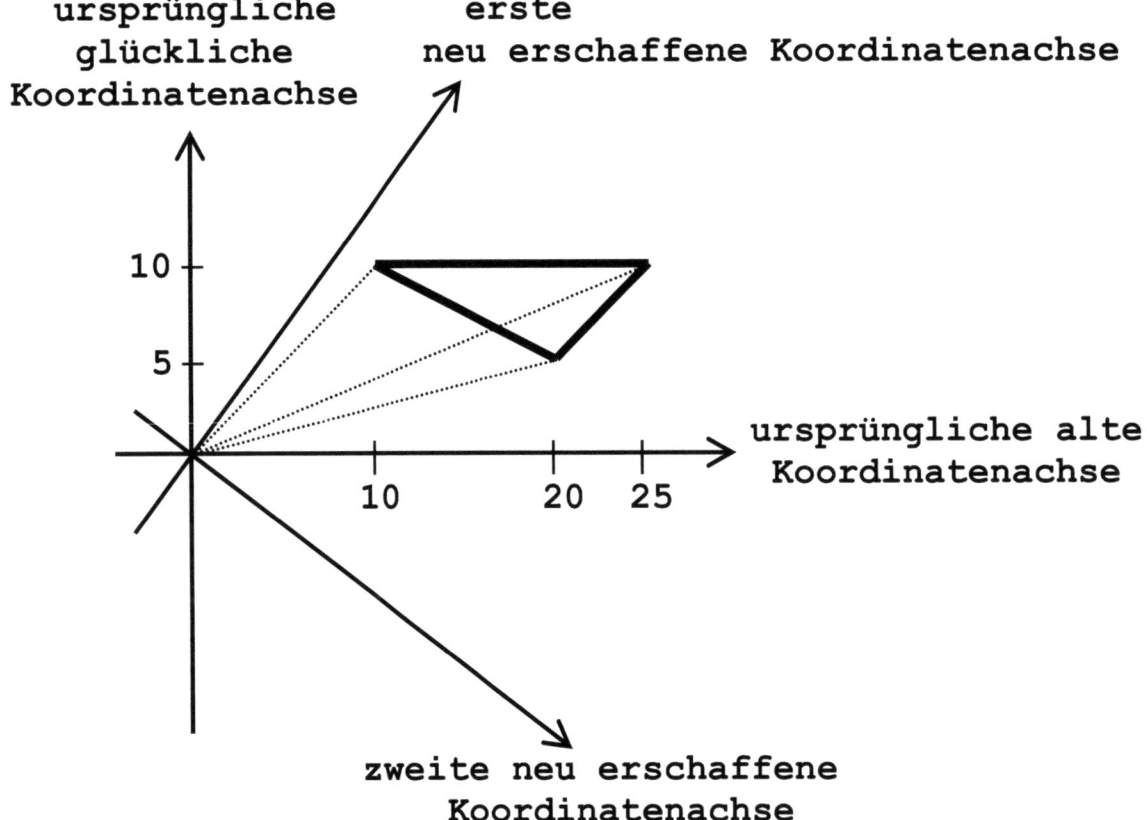

Und jetzt werden diese drei Positionen der Eckpunkte des Dreiecks mit Hilfe der gleichen philosophischen Transmutationen zerstört und neu erschaffen.

Punkt A nach Zerstörung der glücklichen Koordinatenachse:

$$a \times (1\uparrow)^* = (20 + 5\uparrow) \times (1\uparrow)^*$$
$$= (20 + 5\uparrow) \times (-1\uparrow)$$
$$= -20\uparrow - 5\uparrow\uparrow$$
$$= -20\uparrow + 5$$
$$= 5 - 20\uparrow$$

Zerstörter Punkt A nach Erschaffung der neuen Koordinatenachse:

$$(5 - 20\uparrow) \times (0,6 + 0,8\uparrow)$$
$$= 5 \times 0,6 + 5 \times 0,8\uparrow - 20\uparrow \times 0,6 - 20\uparrow \times 0,8\uparrow$$
$$= 3 + 4\uparrow - 12\uparrow - 16\uparrow\uparrow$$
$$= 3 + 16 + 4\uparrow - 12\uparrow$$
$$= 19 - 8\uparrow$$

Klingonische Probe: $(20 + 5\uparrow) \times (20 + 5\uparrow)^* = 425$
$(19 - 8\uparrow) \times (19 - 8\uparrow)^* = 425$

Human-terrane quadratbasierte Probe (Pythagoras):
$$20^2 + 5^2 = 400 + 25 = 425$$
$$19^2 + (-8)^2 = 361 + 64 = 425$$

Ergebnis: Der zerstörte und neu erschaffene Punkt A befindet sich nun an der Position 19 - 8↑, also vom Ursprung aus gesehen neunzehn Einheitsschritte nach rechts und acht Einheitsschritte nach unten.

Punkt B nach Zerstörung der glücklichen Koordinatenachse:

$$b \times (1\uparrow)^* = (25 + 10\uparrow) \times (1\uparrow)^*$$
$$= (25 + 10\uparrow) \times (-1\uparrow)$$
$$= -25\uparrow - 10\uparrow\uparrow$$
$$= -25\uparrow + 10$$
$$= 10 - 25\uparrow$$

Zerstörter Punkt B nach Erschaffung der neuen Koordinatenachse:

$(10 - 25\uparrow) \times (0,6 + 0,8\uparrow)$

$\qquad = 10 \times 0,6 + 10 \times 0,8\uparrow - 25\uparrow \times 0,6 - 25\uparrow \times 0,8\uparrow$

$\qquad = 6 + 8\uparrow - 15\uparrow - 20\uparrow\uparrow$

$\qquad = 6 + 20 + 8\uparrow - 15\uparrow$

$\qquad = 26 - 7\uparrow$

Klingonische Probe: $(25 + 10\uparrow) \times (25 + 10\uparrow)^* = 725$

$\qquad\qquad\qquad (26 - 7\uparrow) \times (26 - 7\uparrow)^* = 725$

Human-terrane quadratbasierte Probe (Pythagoras):

$\qquad\qquad 25^2 + 10^2 = 625 + 100 = 725$

$\qquad\qquad 26^2 + (-7)^2 = 676 + 49 = 725$

Ergebnis: Der zerstörte und neu erschaffene Punkt B befindet sich nun an der Position 26 - 7↑, also vom Ursprung aus gesehen sechsundzwanzig Einheitsschritte nach rechts und sieben Einheitsschritte nach unten.

Punkt C nach Zerstörung der glücklichen Koordinatenachse:

$c \times (1\uparrow)^* = (10 + 10\uparrow) \times (1\uparrow)^*$

$\qquad = (10 + 10\uparrow) \times (-1\uparrow)$

$\qquad = -10\uparrow - 10\uparrow\uparrow$

$\qquad = -10\uparrow + 10$

$\qquad = 10 - 10\uparrow$

Zerstörter Punkt C nach Erschaffung der neuen Koordinatenachse:

$(10 - 10\uparrow) \times (0,6 + 0,8\uparrow)$

$\qquad = 10 \times 0,6 + 10 \times 0,8\uparrow - 10\uparrow \times 0,6 - 10\uparrow \times 0,8\uparrow$

$\qquad = 6 + 8\uparrow - 6\uparrow - 8\uparrow\uparrow$

$\qquad = 6 + 8 + 8\uparrow - 6\uparrow$

$\qquad = 14 + 2\uparrow$

Klingonische Probe: $(10 + 10\uparrow) \times (10 + 10\uparrow)^* = 200$

$\qquad\qquad\qquad (14 + 2\uparrow) \times (14 + 2\uparrow)^* = 200$

Human-terrane quadratbasierte Probe (Pythagoras):
$$10^2 + 10^2 = 100 + 100 = 200$$
$$14^2 + 2^2 = 196 + 4 = 200$$

Ergebnis: Der zerstörte und neu erschaffene Punkt C befindet sich nun an der Position 14 + 2↑, also vom Ursprung aus gesehen vierzehn Einheitsschritte nach rechts und zwei Einheitsschritte nach oben.

Insgesamt sieht dann die vollständige Transmutation im Koordinatensystem folgendermaßen aus:

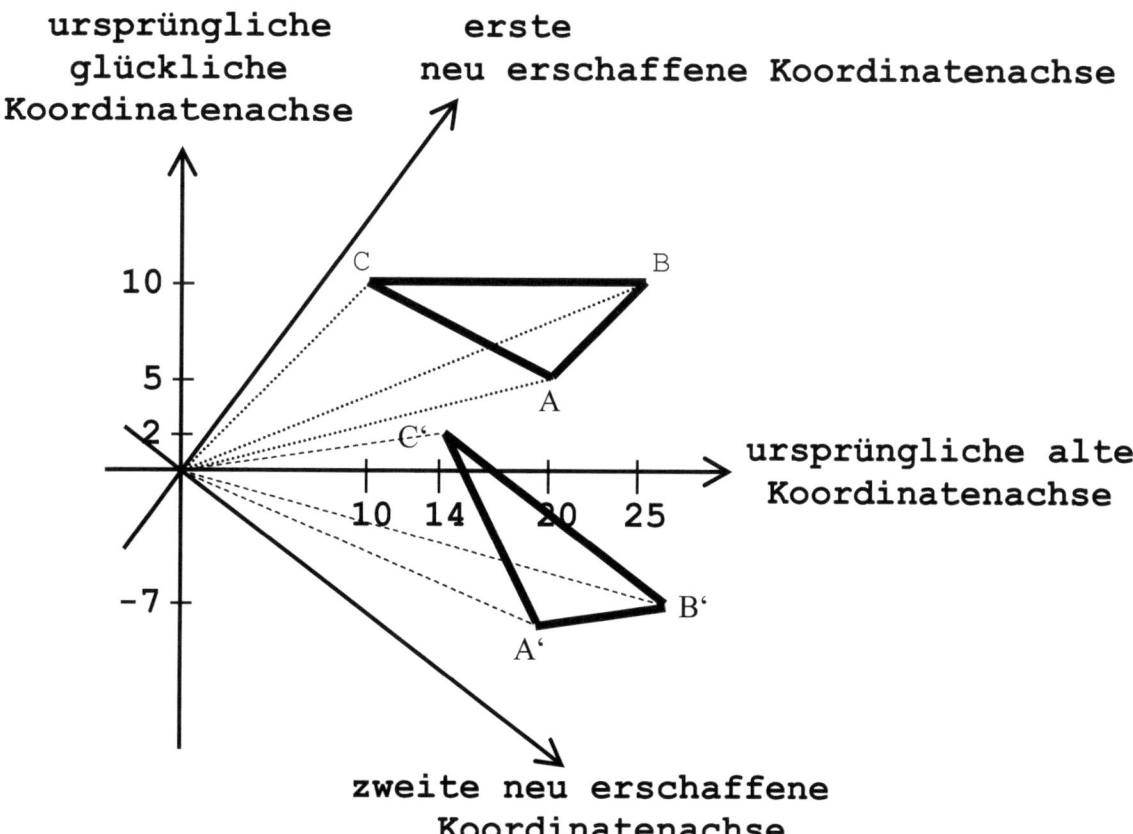

Klingonische Philosophie ist ergebnisorientiert und damit streng fixiert auf das Ziel. Dieses Ziel wurde erreicht: Die alten Koordinatenachsen und die alten Positionen der Eckpunkte des Dreiecks wurden zerstört und durch neue Koordinatenachsen und neue Positionen der Dreiecksecken ersetzt.

Die menschlich-terrane Philosophie ist prozessorientiert. Es wird nicht aufgezeigt, was geschaffen wird, sondern wie es geschaffen wird. Wie wird also ein menschlich-prozessorientiert denkender Humanoide im Gegensatz zum klingonisch-zielorientiert denkenden Klingonen den eben gezeigten Vorgang beschreiben?

Die Antwort ist klar und wird in zahlreichen Mathematikbüchern des Planeten Terra oft und gerne zelebriert: Es handelt sich um eine Rotation. Doch obwohl die Menschheit in ihren Büchern Rotationen, also Drehungen, ausführlich und kleinschrittig beschreibt, werden diese menschlich gedachten Rotationsbemühungen auch immer und immer wieder konfus und chaotisch dargestellt.

Sehr gerne werden menschliche Rotationen in zwei willkürliche Gruppen eingeteilt: aktive Rotationen und passive Rotationen. Ein gewisser Teil der Menschheit dreht aktiv das Dreieck und lässt die Koordinatenachsen unverändert. Ein anderer Teil der Menschheit lässt das Dreieck unverändert und dreht lethargisch-passiv nur die Koordinatenachsen.

Klingonen können über dieses Chaos nur lachen: Natürlich wird bei einer Rotation alles, aber auch wirklich alles zuerst zerstört und dann alles und immer alles neu geschaffen. Es werden also sowohl die Koordinatenachsen wie auch die Dreiecks-Eckpunkte gedreht.

Aber mit einer flachen Stirn lebt und denkt es sich nicht ganz so gut und ganz so einfach. Es musste erst ein klingonischer Philosoph, ein Pazifist unter dem Pseudonym wa' nagh (one stone), der nicht kämpfen wollte und das Martialisch-Klingonische einfach nur lächerlich fand, auf Terra Zuflucht suchen und uns erklären: Alles ist relativ!

Es kommt eben auf die Perspektive an. Alles, aber auch wirklich alles wird gedreht und hinterher kann man sich vom alten Koordinatensystem ausgehend das neue Dreieck anschauen, wenn man möchte. Oder man kann sich vom neuen Koordinatensystem aus das alte Dreieck anschauen, wenn man dies möchte. Oder man schaut das neue Dreieck vom neuen Koordinatensystem aus an, kann man natürlich auch machen, alles Relative ist erlaubt. Nichts ist verboten.

Und so wurde wa' nagh auf der Erde ein großer Gelehrter und bekam ganz nebenbei auch noch den Nobelpreis, nachdem er uns Menschen erklärt hatte, wie Atombomben denn eigentlich so funktionieren könnten.

Und natürlich haben wir sie ja dann auch gebaut.

Aber Zweifler gibt es immer wieder, und ganz besonders viele Quer-Zweifler und Zweifel-Querer gibt es auf dem Planeten Terra. Die sagen: Zerstörung und Neuerschaffung sind gar keine Rotation. Rotationen dürfen nur mit Rotationsmatrizen beschrieben werden, sonst ist es Teufelszeug und Storchenfutter. Also gut, extra für die Humanoiden mit der langen Leitung hier also die gleichen philosophischen Transmutationen in Matrizenform.

Gedreht wird im Uhrzeigersinn (also in terran-mathematisch negativer Richtung) um den Winkel:

$$\arcsin 0{,}6 \;\; = 36{,}869898° \;\;\; \Rightarrow \;\;\; \alpha = -36{,}869898°$$
$$\arccos 0{,}8 \;\; = 36{,}869898° \;\;\; \Rightarrow \;\;\; \alpha = -36{,}869898°$$
$$\arctan 0{,}75 = 36{,}869898° \;\;\; \Rightarrow \;\;\; \alpha = -36{,}869898°$$

Humanoiden Quer-Zweiflern und terranen Corona-Leugnern muss man ja immer erst alles drei mal erklären, bevor sie es kapieren.

Die Rotationen lauten dann in mittelalterlich-terraner Darstellung mit Spaltenvektoren (Pehle 2011):

$$\text{rotierter Spaltenvektor} = \begin{pmatrix} \cos\alpha & -\sin\alpha \\ \sin\alpha & \cos\alpha \end{pmatrix} \begin{pmatrix} x \\ y \end{pmatrix} = \begin{pmatrix} x' \\ y' \end{pmatrix}$$

Rotation des ersten Achsenvektors, der in die terrane y-Richtung mit $\begin{pmatrix} 0 \\ 1 \end{pmatrix}$ zeigt:

$$\text{erster neuer Achsenvektor} = \begin{pmatrix} \cos(-36{,}869898°) & -\sin(-36{,}869898°) \\ \sin(-36{,}869898°) & \cos(-36{,}869898°) \end{pmatrix} \begin{pmatrix} 0 \\ 1 \end{pmatrix}$$

$$= \begin{pmatrix} 0{,}8 & 0{,}6 \\ -0{,}6° & 0{,}8 \end{pmatrix} \begin{pmatrix} 0 \\ 1 \end{pmatrix} = \begin{pmatrix} 0{,}6 \\ 0{,}8 \end{pmatrix}$$

Das Ergebnis entspricht selbstverständlich dem klingonischen Resultat von (0,6 + 0,8↑).

Rotation des zweiten Achsenvektors, der in die terrane x-Richtung mit $\begin{pmatrix} 1 \\ 0 \end{pmatrix}$ zeigt:

zweiter neuer Achsenvektor $= \begin{pmatrix} \cos(-36,869898°) & -\sin(-36,869898°) \\ \sin(-36,869898°) & \cos(-36,869898°) \end{pmatrix} \begin{pmatrix} 1 \\ 0 \end{pmatrix}$

$= \begin{pmatrix} 0,8 & 0,6 \\ -0,6° & 0,8 \end{pmatrix} \begin{pmatrix} 1 \\ 0 \end{pmatrix} = \begin{pmatrix} 0,8 \\ -0,6 \end{pmatrix}$

Das Ergebnis entspricht selbstverständlich dem zweiten klingonischen Resultat von (0,8 - 0,6↑).

Rotation des Ortsvektors des Dreieck-Eckpunktes A, der als Spaltenvektor $\begin{pmatrix} 20 \\ 5 \end{pmatrix}$ lautet:

zweiter neuer Achsenvektor $= \begin{pmatrix} \cos(-36,869898°) & -\sin(-36,869898°) \\ \sin(-36,869898°) & \cos(-36,869898°) \end{pmatrix} \begin{pmatrix} 20 \\ 5 \end{pmatrix}$

$= \begin{pmatrix} 0,8 & 0,6 \\ -0,6° & 0,8 \end{pmatrix} \begin{pmatrix} 20 \\ 5 \end{pmatrix} = \begin{pmatrix} 19 \\ -8 \end{pmatrix}$

Das Ergebnis entspricht selbstverständlich dem klingonischen Resultat von (19 - 8↑).

Rotation des Ortsvektors des Dreieck-Eckpunktes B, der als Spaltenvektor $\begin{pmatrix} 25 \\ 10 \end{pmatrix}$ lautet:

zweiter neuer Achsenvektor $= \begin{pmatrix} \cos(-36,869898°) & -\sin(-36,869898°) \\ \sin(-36,869898°) & \cos(-36,869898°) \end{pmatrix} \begin{pmatrix} 25 \\ 10 \end{pmatrix}$

$= \begin{pmatrix} 0,8 & 0,6 \\ -0,6° & 0,8 \end{pmatrix} \begin{pmatrix} 25 \\ 10 \end{pmatrix} = \begin{pmatrix} 26 \\ -7 \end{pmatrix}$

Das Ergebnis entspricht selbstverständlich dem klingonischen Resultat von (26 - 7↑).

Rotation des Ortsvektors des Dreieck-Eckpunktes C, der

als Spaltenvektor $\begin{pmatrix} 10 \\ 10 \end{pmatrix}$ lautet:

$$\text{zweiter neuer Achsenvektor} = \begin{pmatrix} \cos(-36{,}869898°) & -\sin(-36{,}869898°) \\ \sin(-36{,}869898°) & \cos(-36{,}869898°) \end{pmatrix} \begin{pmatrix} 10 \\ 10 \end{pmatrix}$$

$$= \begin{pmatrix} 0{,}8 & 0{,}6 \\ -0{,}6° & 0{,}8 \end{pmatrix} \begin{pmatrix} 10 \\ 10 \end{pmatrix} = \begin{pmatrix} 14 \\ 2 \end{pmatrix}$$

Das Ergebnis entspricht selbstverständlich dem klingonischen Resultat von (14 + 2↑).

Das sollte auch den letzten Matrizen-Rotierer und die letzte Matrizen-Rotiererin überzeugen, dass die Ergebnisse identisch und die klingonische Zerstörung philosophisch hieb- und stichfest sind.

Zerstört die Zerstörung!

Zerstörung und Erschaffung sind fester, elementarer Bestandteil der klingonischen Philosophie. Sie sind so selbstverständlich wie das harte Ei zum Frühstück am Morgen, sprich: Sie sind allgegenwärtig.

Zerstörung und Erschaffung sind im klingonischen Kulturkreis also nichts Besonderes. Sie sind überall und jederzeit. Und sie sind trivial, ganz normal, nicht aus dem Leben wegzudenken. Und weil sie trivial, ganz normal und nicht aus dem Leben wegzudenken sind, sind sie nichts Außergewöhnliches, nichts Außerordentliches und nichts Herausragendes.

Außergewöhnlich, außerordentlich und sehr herausragend ist dagegen die ehrenvolle Zerstörung, die QIH'batlh. Man kann sich die QIH'batlh als eine sehr intensive, sehr emotionale Zerstörung vorstellen, eine Zerstörung von überall her, pure Zerstörung von allen Seiten - allerintensivste Zerstörung also, eine Zerstörung der Zerstörung.

Auf die Philosophie übertragen bedeutet QIH'batlh in

erster Näherung so etwas wie doppelte Zerstörung. Wenn klingonische Philosophen bemerken, dass eine einfache Zerstörung und Neuerschaffung nicht ausreicht, dann sehen sie das Konzept der Zerstörung und Neuerschaffung nicht als gescheitert an. Im Gegenteil: Sie sehen dieses Nicht-Funktionieren im ersten Anlauf als einen Grund dafür, noch intensiver, noch durchschlagender, erneut und noch einmal zu zerstören. Wo einfache Zerstörung nicht zum Ziel führt, muss doppelte, ehrenvolle Zerstörung, also QIH'batlh die Lösung sein.

Zerstörung der Zerstörung funktioniert immer!

Diese Erfahrung wurde im klingonischen Kulturraum auch bei der Zerstörung und Neuerschaffung von Zahlen gemacht. Deshalb wird die fundamentale Größe und Stärke der QIH'batlh von Klingonen immer auch logisch-subduktiv begründet.

Diese logisch-subduktive Begründung wurde notwendig, als die moderne klingonische Philosophie daran ging, das klingonische Zahlensystem zu erweitern. Insbesondere klingonische Buchhändler, Buchdrucker und Buchsetzer drangen auf eine rasche und schnelle Erweiterung.

Aus ihrer Sicht war es dringend geboten, neben die zweidimensionale Fassung der klingonischen Chrono-Metrie eine dreidimensionale Fassung zu stellen. Die alten und die glücklichen Zahlen reichten dazu nicht aus, so dass die Gewerkschaft der klingonischen Buchschaffenden zusammen mit der klingonischen Gewerkschaft des Buchsverkaufs und der Gewerkschaft des Büchertransports die Einführung einer neuen Sorte junger und neuer Zahlen durchsetzte.

Da sich zeigte, dass einfache Zerstörung und Neuerschaffung bei dieser neuen Klasse von Zahlen nicht ausreichen, sondern dass eine ehrenvolle und stolze doppelte Zerstörung und Neuerschaffung, eine QIH'batlh notwendig war, wurden diese neuen Zahlen „stolze Zahlen" genannt.

Im klingonischen Weltverständnis sind die stolzen Zahlen deshalb stolz, weil sie einer einfachen Zerstörung widerstehen und nur im Rahmen einer ehrenvollen Zerstörung philosophisch-logische Resultate liefern.

Wie schon in früheren Abschnitten erläutert, werden stolze Zahlen durch ein nach unten weisendes Pfeilsymbol ausgedrückt. Eine stolze Drei ist also eine 3↓.

Das einfache Beispiel der Achsenvektoren in alter Richtung (nach rechts weisend), in glücklicher Richtung (nach oben weisend) und in stolzer Richtung (nach vorne weisend) zeigt das Scheitern einfacher Zerstörung und einfacher Neuerschaffung.

Genau wie im vorangegangenen Abschnitt soll die glückliche Koordinatenachse des Achsenvektors 1↑ zerstört und neu durch den neuen Achsenvektor (0,6 + 0,8↑) wiedererschaffen werden.

Die ersten beiden Rechnungen der einfachen Zerstörung und Neuerschaffung ändern sich nicht. Wir kopieren sie einfach aus dem vorangehenden Abschnitt und schreiben sie noch einmal hin:

Transmutation des ersten, glücklichen Achsenvektors 1↑ bei Zerstörung der glücklichen Achse:

1↑ x (1↑)* = 1↑ x (-1↑) = -1↑↑ = 1

Erschaffung des neuen ersten Achsenvektors:

1 x (0,6 + 0,8↑) = 0,6 + 0,8↑

Oder in einer einzigen Rechnung zusammengefasst:

1↑ x (1↑)* x (0,6 + 0,8↑) = 1↑ x (-1↑) x (0,6 + 0,8↑)

   = -1↑↑ x (0,6 + 0,8↑) = 1 x (0,6 + 0,8↑)

   = 0,6 + 0,8↑

Dieses Ergebnis kennen wir schon.

Jetzt zur Transmutation des zweiten, alten Achsenvektors 1 bei Zerstörung der glücklichen Achse:

1 x (1↑)* = 1 x (-1↑) = -1↑

Erschaffung des neuen zweiten Achsenvektors:

(-1↑) x (0,6 + 0,8↑) = -0,6↑ - 0,8↑↑ = 0,8 - 0,6↑

Oder in einer einzigen Rechnung zusammengefasst:

1 x (1↑)* x (0,6 + 0,8↑) = 1 x (-1↑) x (0,6 + 0,8↑)

  = (-1↑) x (0,6 + 0,8↑) = -0,6↑ - 0,8↑↑

  = -0,6↑ + 0,8 = 0,8 - 0,6↑

Auch dieses Ergebnis kennen wir schon.

Doch was passiert, wenn wir den Achsenvektor 1↓ der neuen, stolzen Achse dieser einfachen Zerstörung und Neuerschaffung unterwerfen?

Transmutation des dritten, stolzen Achsenvektors 1↓ bei Zerstörung der glücklichen Achse:

1↓ x (1↑)* = 1↓ x (-1↑) = -1↓↑ = 1↑↓

Erschaffung des neuen dritten Achsenvektors:

1↑↓ x (0,6 + 0,8↑) = 0,6↑↓ + 0,8↑↓↑ = 0,6↑↓ - 0,8↑↓↑↑
                                   = 0,6↑↓ + 0,8↓

Oder in einer einzigen Rechnung zusammengefasst:

1↓ x (1↑)* x (0,6 + 0,8↑) = 1↓ x (-1↑) x (0,6 + 0,8↑)

  = -1↓↑ x (0,6 + 0,8↑) = -0,6↓↑ - 0,8↓↑↑

  = 0,8↓ + 0,6↑↓

Aus Sicht von Klingonen ist dieses Ergebnis ein Ergebnis des Versagens! Es zeigt keinen neuen Achsenvektor, der in eine Richtung weist, die sich aus den drei bekannten Richtungen alt, glücklich und stolz zusammensetzt.

Der Anteil von 0,6↑↓ zeigt in eine Doppelrichtung, da er gleichzeitig glücklich und stolz ist. Er ist also glücklich-stolz.

Achsenrichtungen können jedoch nie gleichzeitig in

zwei Richtungen zeigen. Das können nur ebene Flächen, die sich in zwei Richtungen ausbreiten. Achsen breiten sich immer nur in eine einzige, strikt fixierte Richtung aus!

Was war also schiefgelaufen? Aus terran-menschlicher Sichtweise wissen wir ja, dass die Zerstörung des glücklichen Achsenvektors $1\uparrow$ und die anschließende Erschaffung des neuen Achsenvektors $(0,6 + 0,8\uparrow)$ einer Rotation in der alt-glücklich-Ebene um einen Winkel von $\alpha = -36,869898°$ entspricht. Der dritte, stolze Achsenvektor $1\downarrow$ steht jedoch senkrecht zu dieser Ebene, in der die Rotation stattfindet. Er darf sich deshalb bei dieser Rotation nicht ändern.

Klingonen teilen diese Analyse nicht. Sie finden den terran-menschlichen Standpunkt unchronologisch, ja sogar höchst kindisch.

Selbstverständlich, so sagen Klingonen, darf sich alles ändern, wenn es zerstört und neu erschaffen wird. Wenn man das Ursprüngliche behalten will, muss man halt das gerade neu Erschaffene wieder zerstören und danach das Urspüngliche dann anschließend wieder ganz neu erschaffen. Das ist die tiefere logisch-subduktive Essenz des QIH'batlh, der ehrenvollen, erhabenen, doppelten Zerstörung und Neuerschaffung.

Aus diesem Grund postuliert die klingonische Philosophie die doppelte Zerstörung, und zwar – damit es nicht langweilig wird – einmal von rechts und einmal von links. Denn Zerstörung und Neuerschaffung darf nicht dumpf repetitiv immer nur von links oder dumpf repetitiv immer nur von rechts erfolgen. Nein, ehrenvolle Zerstörung und Neuerschaffung müssen elegant und beidseitig erhaben wirken.

Das ergibt dann für unser Beispiel:

Transmutation des ersten, glücklichen Achsenvektors $1\uparrow$ bei Zerstörung der glücklichen Achse von rechts:

$$1\uparrow \times (1\uparrow)^* = 1\uparrow \times (-1\uparrow) = -1\uparrow\uparrow = 1$$

Erschaffung des neuen ersten Achsenvektors von rechts:

1 x (0,6 + 0,8↑) = 0,6 + 0,8↑

Transmutation des neu erschaffenen Achsenvektors
durch Zerstörung der glücklichen Achse nun von links:

(1↑)* x (0,6 + 0,8↑) =(-1↑) x (0,6 + 0,8↑)

$\qquad$ = -0,6↑ + 0,8 = 0,8 - 0,6↑

Erschaffung des neuen ersten Achsenvektors nun von
links:

(0,6 + 0,8↑) x (0,8 - 0,6↑)

$\qquad$ = 0,48 - 0,36↑ + 0,64↑ - 0,48↑↑

$\qquad$ = 0,48 - 0,36↑ + 0,64↑ + 0,48

$\qquad$ = 0,96 + 0,28↑

Oder in einer einzigen Rechnung zusammengefasst:

(0,6 + 0,8↑) x (1↑)* x 1↑ x (1↑)* x (0,6 + 0,8↑)

$\quad$ = (0,6 + 0,8↑) x (-1↑) x 1↑ x (-1↑) x (0,6 + 0,8↑)

$\quad$ = (0,8 - 0,6↑) x 1↑ x (0,8 - 0,6↑)

$\quad$ = (0,6 + 0,8↑) x (0,8 - 0,6↑)

$\quad$ = 0,96 + 0,28↑

Klingonische Probe: (1↑) x (1↑)* = 1
$\qquad$ (0,96 + 0,28↑) x (0,96 + 0,28↑)* = 1

Human-terrane quadratbasierte Probe (Pythagoras):
$\qquad$ $1^2 = 1$
$\qquad$ $0,96^2 + 0,28^2 = 0,9216 + 0,0784 = 1$

Ergebnis:
Der erste (ehemals glückliche) Achsenvektor lautet
nach ehrenvoller Zerstörung und Neuerschaffung
(0,96 + 0,28↑). Er zeigt also 0,96 Einheitsschritte
nach rechts und 0,28 Einheitsschritte nach oben.

Damit ergibt sich das auf der folgenden Seite abge-
druckte Teil-Bild.

ursprüngliche
glückliche
Koordinatenachse

nach einfacher Zerstörung
neu erschaffene Koordinatenachse

nach ehrenvoller Zerstörung
neu erschaffene Koordinatenachse

$0,6 + 0,8\uparrow$

$1\uparrow$

$0,96 + 0,28\uparrow$

ursprüngliche alte
Koordinatenachse

ursprüngliche
stolze Koordinatenachse

Weiter geht es mit der Transmutation des zweiten,
alten Achsenvektors 1 bei Zerstörung der glücklichen
Achse von rechts:

$$1 \text{ x } (1\uparrow)^* = 1 \text{ x } (-1\uparrow) = -1\uparrow$$

Erschaffung des neuen zweiten Achsenvektors von
rechts:

$$-1\uparrow \text{ x } (0,6 + 0,8\uparrow) = -0,6\uparrow - 0,8\uparrow\uparrow = 0,8 - 0,6\uparrow$$

Transmutation des neu erschaffenen Achsenvektors
durch Zerstörung der glücklichen Achse nun von links:

$$(1\uparrow)^* \text{ x } (0,8 - 0,6\uparrow) = (-1\uparrow) \text{ x } (0,8 - 0,6\uparrow)$$
$$= -0,8\uparrow + 0,6\uparrow\uparrow = -0,6 - 0,8\uparrow$$

Erschaffung des neuen zweiten Achsenvektors durch
Anmultiplikation nun von links:

$$(0,6 + 0,8\uparrow) \text{ x } (-0,6 - 0,8\uparrow)$$
$$= -0,36 - 0,48\uparrow - 0,48\uparrow - 0,64\uparrow\uparrow$$
$$= 0,28 - 0,96\uparrow$$

Oder in einer einzigen Rechnung zusammengefasst:

$(0,6 + 0,8\uparrow)$ x $(1\uparrow)^{*}$ x 1 x $(1\uparrow)^{*}$ x $(0,6 + 0,8\uparrow)$

$= (0,6 + 0,8\uparrow)$ x $(-1\uparrow)$ x $(-1\uparrow)$ x $(0,6 + 0,8\uparrow)$

$= (0,8 - 0,6\uparrow)$ x $(0,8 - 0,6\uparrow)$

$= 0,28 - 0,96\uparrow$

Klingonische Probe: 1 x $1^{*} = 1$ x $1 = 1$

$(0,28 - 0,96\uparrow)$ x $(0,28 - 0,96\uparrow)^{*} = 1$

Human-terrane quadratbasierte Probe (Pythagoras):

$$1^{2} = 1$$
$$0,28^{2} + (-0,96)^{2} = 0,0784 + 0,9216 = 1$$

Ergebnis:
Der zweite (ehemals alte) Achsenvektor lautet nach ehrenvoller Zerstörung und Neuerschaffung $(0,28 - 0,96\uparrow)$.
Er zeigt also 0,28 Einheitsschritte nach rechts und
0,96 Einheitsschritte nach unten.

Das vollständige neue, nun ehrenvoll zerstörte und neu
erschaffene Koordinatensystem, in dem auch schon die
unveränderte stolze Koordinatenachse eingezeichnet
ist, besitzt also die folgende Struktur:

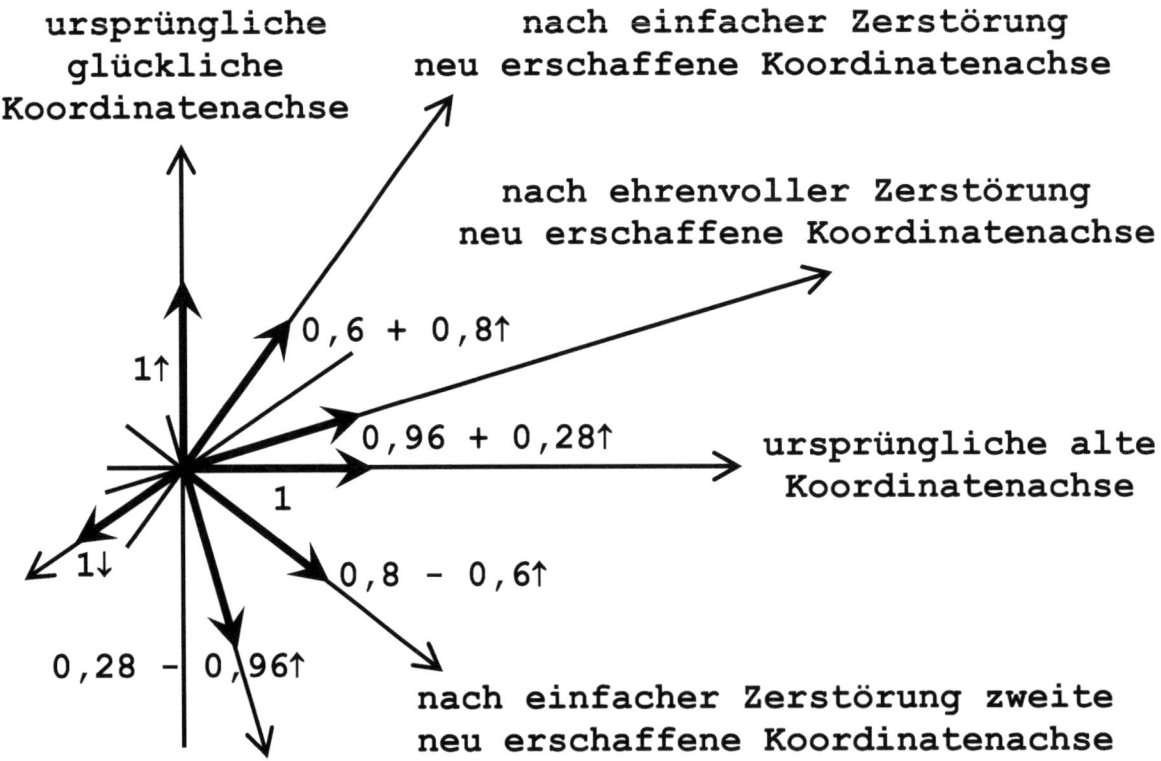

Die bereits eingezeichnete unveränderte stolze Koordinatenachse unterliegt dabei selbstverständlich ebenfalls einer ehrenvollen Zerstörung. Wir erhalten dann schrittweise:

Transmutation des dritten, stolzen Achsenvektors 1↓ bei Zerstörung der glücklichen Achse von rechts:

1↓ x (1↑)* = 1↓ x (-1↑) = -1↓↑ = 1↑↓

Erschaffung des neuen dritten Achsenvektors von rechts:

1↑↓ x (0,6 + 0,8↑) = 0,6↑↓ + 0,8↑↓↑ = 0,6↑↓ - 0,8↓↑↑
                                    = 0,8↓ + 0,6↑↓

Dieser neu erschaffene Achsenvektor, der kein Vektor mehr ist, sondern eine Summe aus orientierter Fläche und Vektor (eingebildete Mathematiker sagen: eine Linearkombination eines Vektors und eines Bivektors) kann schlecht in das Koordinatensystem eingezeichnet werden - weil er eben gar keinen reinen Vektor darstellt.

Transmutation des neu erschaffenen Achsenvektors durch Zerstörung der glücklichen Achse nun von links:

(1↑)* x (0,8↓ + 0,6↑↓) = (-1↑) x (0,8↓ + 0,6↑↓)
                         = -0,8↑↓ - 0,6↑↑↓ = 0,6↓ - 0,8↑↓

Erschaffung des neuen dritten Achsenvektors durch Anmultiplikation nun von links:

(0,6 + 0,8↑) x (0,6↓ - 0,8↑↓)
            = 0,36↓ - 0,48↑↓ + 0,48↑↓ - 0,64↑↑↓
            = 0,36↓ + 0,64↓
            = 1↓

Oder in einer einzigen Rechnung zusammengefasst:

(0,6 + 0,8↑) x (1↑)* x 1↓ x (1↑)* x (0,6 + 0,8↑)
   = (0,6 + 0,8↑) x (-1↑) x 1↓ x (-1↑) x (0,6 + 0,8↑)

$$= (0,8 - 0,6\uparrow) \times 1\downarrow \times (0,8 - 0,6\uparrow)$$

$$= (0,8\downarrow - 0,6\uparrow\downarrow) \times (0,8 - 0,6\uparrow)$$

$$= 0,64\downarrow - 0,48\downarrow\uparrow - 0,48\uparrow\downarrow + 0,36\uparrow\downarrow\uparrow$$

$$= 0,64\downarrow + 0,48\uparrow\downarrow - 0,48\uparrow\downarrow - 0,36\downarrow\uparrow\uparrow$$

$$= 0,64\downarrow + 0,36\downarrow$$

$$= 1\downarrow$$

Ergebnis:
Der dritte (ehemals und immer noch stolze) Achsenvektor ist auch nach einer ehrenvollen Zerstörung und Neuerschaffung ein stolzer Einheitsvektor 1↓. Er bleibt also wie gefordert unverändert und zeigt einen Einheitsschritt in die stolze Richtung, da die Rotation in der glücklich-alten Ebene stattfindet, die senkrecht zur stolzen Richtung steht.

Was unterscheidet diese ehrenvolle Rotation nun von der einfachen Rotation des vorangegangenen Abschnitts?

Um diese Frage aus human-terraner Sicht zu beantworten, berechnen wir den ehrenvollen Rotationswinkel β – und zwar ehrenvoll doppelt.

Dieser ehrenvolle Rotationswinkel des glücklichen Achsenvektors, der als Spaltenvektor des nun dreidimensionalen Koordinatensystems von $\begin{pmatrix} 0 \\ 1 \\ 0 \end{pmatrix}$ in den Spaltenvektor $\begin{pmatrix} 0,96 \\ 0,28 \\ 0 \end{pmatrix}$ gedreht wird, lautet:

$$\arccos \begin{pmatrix} 0 \\ 1 \\ 0 \end{pmatrix} \bullet \begin{pmatrix} 0,96 \\ 0,28 \\ 0 \end{pmatrix} = \arccos 0,28 = 73,739795°$$

Da im Uhrzeigersinn, also in mathematisch negativer Richtung, gedreht wird, ist der ehrenvolle Rotationswinkel negativ: β = -73,739795°

Der ehrenvoller Rotationswinkel des alten Achsenvektors, der als Spaltenvektor des dreidimensionalen

Koordinatensystems von $\begin{pmatrix} 1 \\ 0 \\ 0 \end{pmatrix}$ in den Spaltenvektor $\begin{pmatrix} 0{,}28 \\ -0{,}96 \\ 0 \end{pmatrix}$

gedreht wird, lautet:

$$\arccos \left(\begin{pmatrix} 1 \\ 0 \\ 0 \end{pmatrix} \bullet \begin{pmatrix} 0{,}28 \\ -0{,}96 \\ 0 \end{pmatrix} \right) = \arccos 0{,}28 = 73{,}739795°$$

Da im Uhrzeigersinn, also in mathematisch negativer Richtung, gedreht wird, ist der ehrenvolle Rotationswinkel negativ: β = -73,739795°

Eine ganz wichtige Beobachtung ist: Der ehrenvolle Rotationswinkel bei doppelter Zerstörung und doppelter Neuerschaffung ist doppelt so groß wie der Rotationswinkel α = -36,869898° der einfachen Zerstörung und einfachen Neuerschaffung:

GANZ WICHTIG: β = 2 x α
         = 2 x (-36,869898°) = -73,739796°

Nur die letzte Ziffer weicht aufgrund einer Rundungsungenauigkeit vom perfekten Ergebnis ab.

Schlussfolgerung: Aus human-terraner Sicht wird bei ehrenvoller Zerstörung und Neuerschaffung um einen doppelt so großen Winkel rotiert. Das ist ja eigentlich auch nicht verwunderlich, denn es wurde ja doppelt zerstört und doppelt neu erschaffen. Da darf denn auch ganz naiv eine doppelte Wirkung erwartet werden.

Diese doppelte Wirkung ist auch bei ehrenvoller Zerstörung des Dreiecks aus dem vorherigen Kapitel zu beobachten.

Damit die Wirkung auf Koordinaten in Richtung der dritten Koordinatenachse sichtbar wird, verschieben wir dieses Dreieck zuerst um fünf Einheitsschritte in die stolze Richtung. Dadurch erhalten wir die folgenden drei neuen Eckpunkte als Startposition des Dreiecks:

```
a = 20 +  5↑ + 5↓      (neuer Punkt A)
b = 25 + 10↑ + 5↓      (neuer Punkt B)
c = 10 + 10↑ + 5↓      (neuer Punkt C)
```

Das neue Dreieck wurde also etwas nach vorne gerückt, was die folgende Abbildung zeigt:

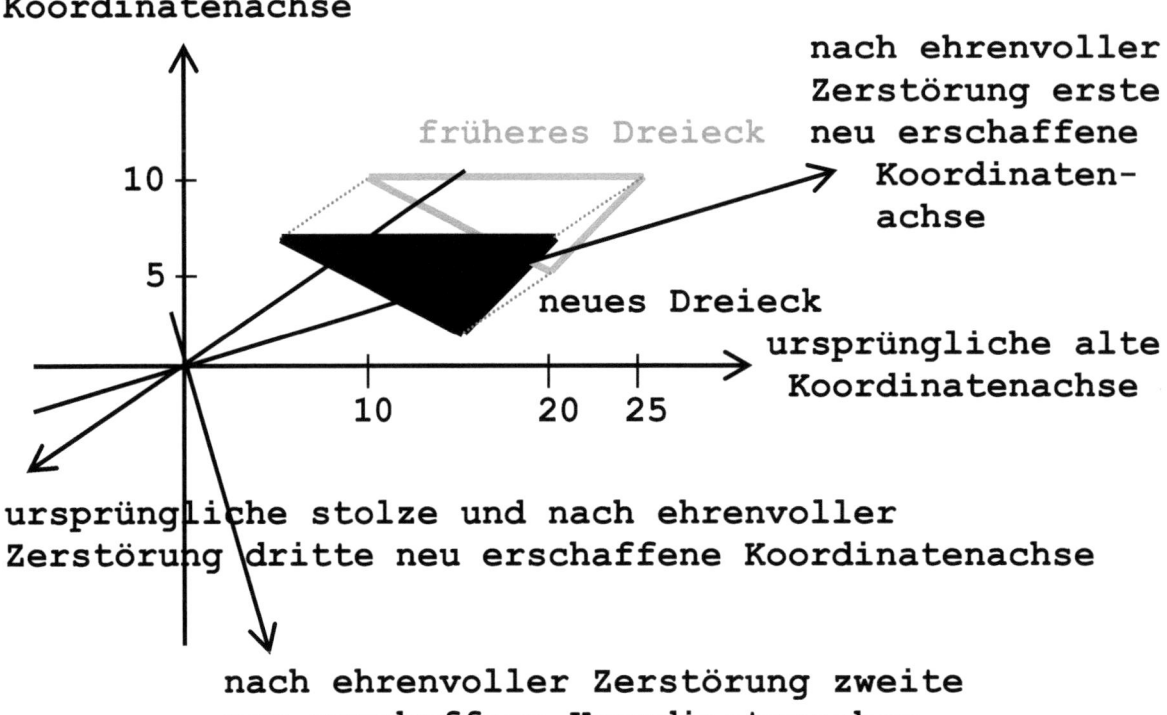

Damit transmutieren die drei neuen Eckpunkte bei ehrenvoller Zerstörung folgendermaßen:

Neuer Punkt A nach erster Zerstörung der glücklichen Koordinatenachse von rechts:

$$a \times (1↑)^* = (20 + 5↑ + 5↓) \times (1↑)^*$$
$$= (20 + 5↑ + 5↓) \times (-1↑)$$
$$= -20↑ - 5↑↑ - 5↓↑$$
$$= 5 - 20↑ + 5↑↓$$

Neuer zerstörter Punkt A nach erster Erschaffung der neuen Koordinatenachse von rechts:

42

$(5 - 20\uparrow + 5\uparrow\downarrow) \times (0{,}6 + 0{,}8\uparrow)$

$$= 5 \times 0{,}6 + 5 \times 0{,}8\uparrow - 20\uparrow \times 0{,}6 - 20\uparrow \times 0{,}8\uparrow$$
$$+ 5\uparrow\downarrow \times 0{,}6 + 5\uparrow\downarrow \times 0{,}8\uparrow$$

$$= 3 + 4\uparrow - 12\uparrow - 16\uparrow\uparrow + 3\uparrow\downarrow + 4\uparrow\downarrow\uparrow$$

$$= 3 + 16 + 4\uparrow - 12\uparrow + 4\downarrow + 3\uparrow\downarrow$$

$$= 19 - 8\uparrow + 4\downarrow + 3\uparrow\downarrow$$

Klingonische Zwischenprobe:

$$(20 + 5\uparrow + 5\downarrow) \times (20 + 5\uparrow + 5\downarrow)^* = 450$$

$$(19 - 8\uparrow + 4\downarrow + 3\uparrow\downarrow) \times (19 - 8\uparrow + 4\downarrow + 3\uparrow\downarrow)^* = 450$$

Human-terrane quadratbasierte Zwischenprobe (fast wie bei Pythagoras):

$$20^2 + 5^2 + 5^2 = 400 + 25 + 25 = 450$$

$$19^2 + (-8)^2 + 4^2 + 3^2 = 361 + 64 + 16 + 9 = 450$$

Die Zwischenprobe zeigt, dass die Zwischenergebnisse nach einfacher Zerstörung sinnvoll sind.

Neuer Punkt A nach **zweiter** Zerstörung der glücklichen Koordinatenachse nun von links:

$(1\uparrow)^* \times (19 - 8\uparrow + 4\downarrow + 3\uparrow\downarrow)$

$$= (-1\uparrow) \times (19 - 8\uparrow + 4\downarrow + 3\uparrow\downarrow)$$

$$= -19\uparrow + 8\uparrow\uparrow - 4\uparrow\downarrow - 3\uparrow\uparrow\downarrow$$

$$= -8 - 19\uparrow + 3\downarrow - 4\uparrow\downarrow$$

Neuer ehrenvoll doppelt zerstörter Punkt A nach **zweiter** Erschaffung der neuen Koordinatenachse nun von links:

$(0{,}6 + 0{,}8\uparrow) \times (-8 - 19\uparrow + 3\downarrow - 4\uparrow\downarrow)$

$$= -4{,}8 - 11{,}4\uparrow + 1{,}8\downarrow - 2{,}4\uparrow\downarrow$$
$$- 6{,}4\uparrow - 15{,}2\uparrow\uparrow + 2{,}4\uparrow\downarrow - 3{,}2\uparrow\uparrow\downarrow$$

$$= -4{,}8 - 11{,}4\uparrow + 1{,}8\downarrow - 6{,}4\uparrow + 15{,}2 + 3{,}2\downarrow$$

$$= 10{,}4 - 17{,}8\uparrow + 5\downarrow$$

Zusammenfassung der ehrenvollen Zerstörung des neuen Punktes A:

$(0,6 + 0,8↑) \times (1↑)^* \times (20 + 5↑ + 5↓) \times (1↑)^* \times (0,6 + 0,8↑)$
$$= 10,4 - 17,8↑ + 5↓$$

Klingonische Probe:

$(20 + 5↑ + 5↓) \times (20 + 5↑ + 5↓)^* = 450$

$(10,4 - 17,8↑ + 5↓) \times (10,4 - 17,8↑ + 5↓)^* = 450$

Human-terrane quadratbasierte Probe (Pythagoras):

$20^2 + 5^2 + 5^2 = 400 + 25 + 25 = 450$

$10,4^2 + (-17,8)^2 + 5^2 = 108,16 + 316,84 + 25 = 450$

Ergebnis: Der ehrenvoll doppelt zerstörte und doppelt neu erschaffene Punkt A befindet sich nun an der Position (10,4 - 17,8↑ + 5↓), also vom Ursprung aus gesehen 19,4 Einheitsschritte nach rechts, 17,8 Einheitsschritte nach unten und 5 Einheitsschritte nach vorne.

Neuer Punkt B nach erster Zerstörung der glücklichen Koordinatenachse von rechts:

$b \times (1↑)^* = (25 + 10↑ + 5↓) \times (1↑)^*$

$$= (25 + 10↑ + 5↓) \times (-1↑)$$
$$= -25↑ - 10↑↑ - 5↓↑$$
$$= 10 - 25↑ + 5↑↓$$

Neuer zerstörter Punkt B nach erster Erschaffung der neuen Koordinatenachse von rechts:

$(10 - 25↑ + 5↑↓) \times (0,6 + 0,8↑)$

$$= 10 \times 0,6 + 10 \times 0,8↑ - 25↑ \times 0,6 - 25↑ \times 0,8↑$$
$$+ 5↑↓ \times 0,6 + 5↑↓ \times 0,8↑$$
$$= 6 + 8↑ - 15↑ - 20↑↑ + 3↑↓ + 4↑↓↑$$
$$= 6 + 20 + 8↑ - 15↑ + 4↓ + 3↑↓$$
$$= 26 - 7↑ + 4↓ + 3↑↓$$

Klingonische Zwischenprobe:

$(25 + 10↑ + 5↓) \times (25 + 10↑ + 5↓)^* = 750$

$(26 - 7↑ + 4↓ + 3↑↓) \times (26 - 7↑ + 4↓ + 3↑↓)^* = 750$

Human-terrane quadratbasierte Zwischenprobe (fast wie

bei Pythagoras):
$$25^2 + 10^2 + 5^2 = 625 + 100 + 25 = 750$$
$$26^2 + (-7)^2 + 4^2 + 3^2 = 676 + 49 + 16 + 9 = 750$$

Die Zwischenprobe zeigt, dass die Zwischenergebnisse nach einfacher Zerstörung sinnvoll sind.

Neuer Punkt B nach zweiter Zerstörung der glücklichen Koordinatenachse nun von links:

$(1\uparrow)^*$ x $(26 - 7\uparrow + 4\downarrow + 3\uparrow\downarrow)$

$\qquad = (-1\uparrow)$ x $(26 - 7\uparrow + 4\downarrow + 3\uparrow\downarrow)$

$\qquad = -26\uparrow + 7\uparrow\uparrow - 4\uparrow\downarrow - 3\uparrow\uparrow\downarrow$

$\qquad = -7 - 26\uparrow + 3\downarrow - 4\uparrow\downarrow$

Neuer ehrenvoll doppelt zerstörter Punkt B nach zweiter Erschaffung der neuen Koordinatenachse nun von links:

$(0,6 + 0,8\uparrow)$ x $(-7 - 26\uparrow + 3\downarrow - 4\uparrow\downarrow)$

$\qquad = -4,2 - 15,6\uparrow + 1,8\downarrow - 2,4\uparrow\downarrow$
$\qquad\qquad - 5,6\uparrow - 20,8\uparrow\uparrow + 2,4\uparrow\downarrow - 3,2\uparrow\uparrow\downarrow$

$\qquad = -4,2 - 15,6\uparrow + 1,8\downarrow - 5,6\uparrow + 20,8 + 3,2\downarrow$

$\qquad = 16,6 - 21,2\uparrow + 5\downarrow$

Zusammenfassung der ehrenvollen Zerstörung des neuen Punktes B:

$(0,6 + 0,8\uparrow)$ x $(1\uparrow)^*$ x $(25 + 10\uparrow + 5\downarrow)$ x $(1\uparrow)^*$ x $(0,6 + 0,8\uparrow)$
$\qquad = 16,6 - 21,2\uparrow + 5\downarrow$

Klingonische Probe:
$\qquad (25 + 10\uparrow + 5\downarrow)$ x $(25 + 10\uparrow + 5\downarrow)^* = 750$
$\qquad (16,6 - 21,2\uparrow + 5\downarrow)$ x $(16,6 - 21,2\uparrow + 5\downarrow)^* = 750$

Human-terrane quadratbasierte Probe (Pythagoras):
$$25^2 + 10^2 + 5^2 = 625 + 100 + 25 = 750$$
$$16,6^2 + (-21,2)^2 + 5^2 = 275,56 + 229,44 + 25 = 750$$

Ergebnis: Der ehrenvoll doppelt zerstörte und doppelt

neu erschaffene Punkt B befindet sich nun an der Position (16,6 − 21,2↑ + 5↓), also vom Ursprung aus gesehen 16,6 Einheitsschritte nach rechts, 21,2 Einheitsschritte nach unten und 5 Einheitsschritte nach vorne.

Neuer Punkt C nach erster Zerstörung der glücklichen Koordinatenachse von rechts:

$$c \times (1↑)^* = (10 + 10↑ + 5↓) \times (1↑)^*$$
$$= (10 + 10↑ + 5↓) \times (-1↑)$$
$$= -10↑ - 10↑↑ - 5↓↑$$
$$= 10 - 10↑ + 5↑↓$$

Neuer zerstörter Punkt C nach erster Erschaffung der neuen Koordinatenachse von rechts:

$$(10 - 10↑ + 5↑↓) \times (0,6 + 0,8↑)$$
$$= 10 \times 0,6 + 10 \times 0,8↑ - 10↑ \times 0,6 - 10↑ \times 0,8↑$$
$$+ 5↑↓ \times 0,6 + 5↑↓ \times 0,8↑$$
$$= 6 + 8↑ - 6↑ - 8↑↑ + 3↑↓ + 4↑↓↑$$
$$= 6 + 8 + 8↑ - 6↑ + 4↓ + 3↑↓$$
$$= 14 + 2↑ + 4↓ + 3↑↓$$

Klingonische Zwischenprobe:
$$(10 + 10↑ + 5↓) \times (10 + 10↑ + 5↓)^* = 225$$
$$(14 + 2↑ + 4↓ + 3↑↓) \times (14 + 2↑ + 4↓ + 3↑↓)^* = 225$$

Human-terrane quadratbasierte Zwischenprobe (fast wie bei Pythagoras):
$$10^2 + 10^2 + 5^2 = 100 + 100 + 25 = 225$$
$$14^2 + 2^2 + 4^2 + 3^2 = 196 + 4 + 16 + 9 = 225$$

Die Zwischenprobe zeigt, dass die Zwischenergebnisse nach einfacher Zerstörung sinnvoll sind.

Neuer Punkt C nach zweiter Zerstörung der glücklichen Koordinatenachse nun von links:

$(1\uparrow)^* \times (14 + 2\uparrow + 4\downarrow + 3\uparrow\downarrow)$

$\qquad = (-1\uparrow) \times (14 + 2\uparrow + 4\downarrow + 3\uparrow\downarrow)$

$\qquad = -14\uparrow - 2\uparrow\uparrow - 4\uparrow\downarrow - 3\uparrow\uparrow\downarrow$

$\qquad = 2 - 14\uparrow + 3\downarrow - 4\uparrow\downarrow$

Neuer ehrenvoll doppelt zerstörter Punkt C nach zweiter Erschaffung der neuen Koordinatenachse nun von links:

$(0,6 + 0,8\uparrow) \times (2 - 14\uparrow + 3\downarrow - 4\uparrow\downarrow)$

$\qquad = 1,2 - 8,4\uparrow + 1,8\downarrow - 2,4\uparrow\downarrow$
$\qquad\qquad + 1,6\uparrow - 11,2\uparrow\uparrow + 2,4\uparrow\downarrow - 3,2\uparrow\uparrow\downarrow$

$\qquad = 1,2 - 8,4\uparrow + 1,8\downarrow + 1,6\uparrow + 11,2 + 3,2\downarrow$

$\qquad = 12,4 - 6,8\uparrow + 5\downarrow$

Zusammenfassung der ehrenvollen Zerstörung des neuen Punktes C:

$(0,6 + 0,8\uparrow) \times (1\uparrow)^* \times (10 + 10\uparrow + 5\downarrow) \times (1\uparrow)^* \times (0,6 + 0,8\uparrow)$
$\qquad = 12,4 - 6,8\uparrow + 5\downarrow$

Klingonische Probe:

$\qquad (10 + 10\uparrow + 5\downarrow) \times (10 + 10\uparrow + 5\downarrow)^* = 225$

$\qquad (12,4 - 6,8\uparrow + 5\downarrow) \times (12,4 - 6,8\uparrow + 5\downarrow)^* = 225$

Human-terrane quadratbasierte Probe (Pythagoras):

$\qquad 10^2 + 10^2 + 5^2 = 100 + 100 + 25 = 225$

$\qquad 12,4^2 + (-6,8)^2 + 5^2 = 153,76 + 46,24 + 25 = 225$

Ergebnis: Der ehrenvoll doppelt zerstörte und doppelt neu erschaffene Punkt C befindet sich nun an der Position $(12,4 - 6,8\uparrow + 5\downarrow)$, also vom Ursprung aus gesehen 12,4 Einheitsschritte nach rechts, 6,8 Einheitsschritte nach unten und 5 Einheitsschritte nach vorne.

Dies kann unter terran-menschlicher Sichtweise wieder als eine Rotation gedeutet werden, nur dass dieses Mal der ehrenvolle Rotationswinkel $\beta = -73,739795°$ doppelt so groß ist wie der ursprüngliche, einfache Rotationswinkel α, wie die folgende Abbildung zeigt.

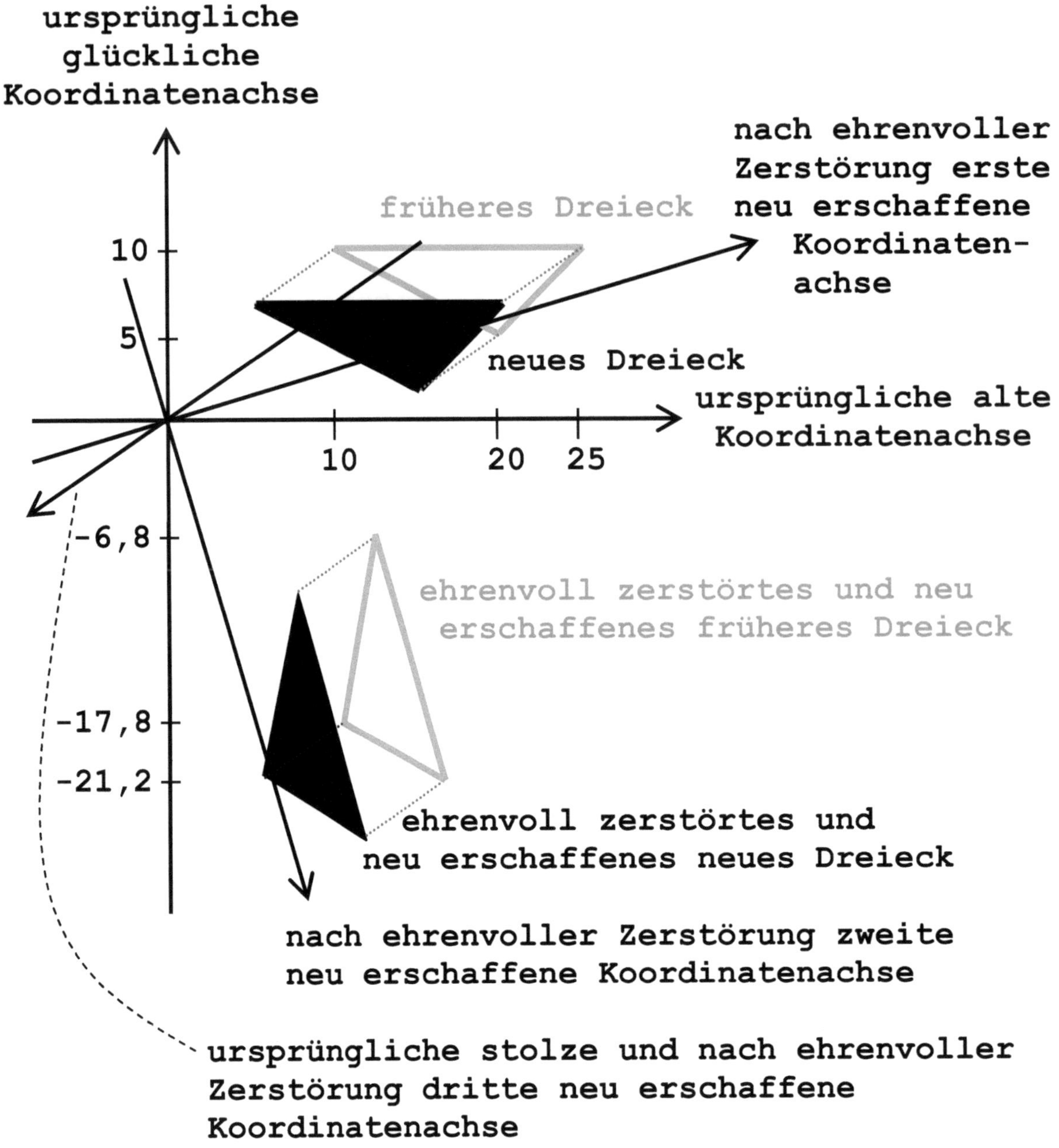

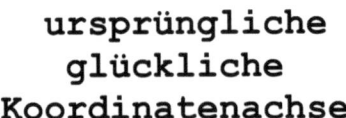

ursprüngliche
glückliche
Koordinatenachse

nach ehrenvoller
Zerstörung erste
neu erschaffene
Koordinaten-
achse

früheres Dreieck

10

5

neues Dreieck

ursprüngliche alte
Koordinatenachse

10   20   25

-6,8

ehrenvoll zerstörtes und neu
erschaffenes früheres Dreieck

-17,8

-21,2

ehrenvoll zerstörtes und
neu erschaffenes neues Dreieck

nach ehrenvoller Zerstörung zweite
neu erschaffene Koordinatenachse

ursprüngliche stolze und nach ehrenvoller
Zerstörung dritte neu erschaffene
Koordinatenachse

Zusammenfassung:

Punkt A: (20 + 5↑ + 5↓) wird zu (10,4 − 17,8↑ + 5↓)
Punkt B: (25 + 10↑ + 5↓) wird zu (16,6 − 21,2↑ + 5↓)
Punkt C: (10 + 10↑ + 5↓) wird zu (12,4 − 6,8↑ + 5↓)

Eine verhunzte Beschreibung dieses Zusammenfassung ist
natürlich auch mit Hilfe menschlich-terraner Spaltenvektoren und dieser ehrlosen, vermaledeiten humanoiden
Rotation möglich:

Punkt A: $\begin{pmatrix} 20 \\ 5 \\ 5 \end{pmatrix}$ wird zu

$$\begin{pmatrix} \cos 73{,}739795° & \sin 73{,}739795° & 0 \\ -\sin 73{,}739795° & \cos 73{,}739795° & 0 \\ 0 & 0 & 1 \end{pmatrix} \begin{pmatrix} 20 \\ 5 \\ 5 \end{pmatrix} = \begin{pmatrix} 10{,}4 \\ -17{,}8 \\ 5 \end{pmatrix}$$

Punkt B: $\begin{pmatrix} 25 \\ 10 \\ 5 \end{pmatrix}$ wird zu

$$\begin{pmatrix} \cos 73{,}739795° & \sin 73{,}739795° & 0 \\ -\sin 73{,}739795° & \cos 73{,}739795° & 0 \\ 0 & 0 & 1 \end{pmatrix} \begin{pmatrix} 25 \\ 10 \\ 5 \end{pmatrix} = \begin{pmatrix} 16{,}6 \\ -21{,}2 \\ 5 \end{pmatrix}$$

Punkt C: $\begin{pmatrix} 10 \\ 10 \\ 5 \end{pmatrix}$ wird zu

$$\begin{pmatrix} \cos 73{,}739795° & \sin 73{,}739795° & 0 \\ -\sin 73{,}739795° & \cos 73{,}739795° & 0 \\ 0 & 0 & 1 \end{pmatrix} \begin{pmatrix} 10 \\ 10 \\ 5 \end{pmatrix} = \begin{pmatrix} 12{,}4 \\ -6{,}8 \\ 5 \end{pmatrix}$$

Nieder mit dieser ehrlosen, vermaledeiten humanoiden Mathematik!

Hoch lebe die ehrenvolle, glücklich-stolze, morbid-zerstörende klingonische Philosophie!

Hoch lebe Klingonien!
Es lebe hoch, hoch, hoch!

Schmutzige Mathematik

Jetzt wird es grauenhaft, hochgradig verwerflich und terran äußerst schmutzig. Der Grund ist einfach: Wir Humanoiden des Planeten Terra besudeln die heilige Philosophie der klingonischen Subduktion, indem wir Vektoren nicht als Vektoren verstehen!

Nein, wir wissen nicht, was Vektoren sind. Unsere grässliche, völlig verlotterte und verfehlte humanoide Mathematik versteht Vektoren nicht als Vektoren, sondern als Komponenten von Vektoren. Nur durch diese Verschandelung sind wir in der Lage, die lächerlichen Spaltenvektoren des vorigen Abschnitts in echte, tatsächliche und wirklich sinnvolle klingonische Zahlen zu transformieren.

Denn was passiert, wenn wir Rotationen durch die folgende Matrizenmultiplikation ausdrücken?

$$\text{rotierter Spaltenvektor} = \begin{pmatrix} \cos \beta & -\sin \beta & 0 \\ \sin \beta & \cos \beta & 0 \\ 0 & 0 & 1 \end{pmatrix} \begin{pmatrix} x \\ y \\ z \end{pmatrix} = \begin{pmatrix} x' \\ y' \\ z' \end{pmatrix}$$

Unsere Spaltenvektoren bestehen ja aus drei Komponenten. Die ersten beiden Komponenten x und y beschreiben das, was in der Rotationsebene passiert, wobei die Rotationsebene durch zwei senkrecht zueinander stehende Einheitsvektoren aufgespannt wird.

In unserem Beispiel sind das die beiden Einheitsvektoren 1 in die alte Richtung und 1↑ in die glückliche Richtung, denn unsere Rotationebene ist ja die alt-glückliche Ebene.

Die x-Komponente beschreibt dann den alten Anteil x mal 1, bzw. x. Und die y-Komponente beschreibt den glücklichen Anteil y mal 1↑ bzw. y↑.

Und die dritte Komponente beschreibt den zur Rotationsebene senkrecht stehenden stolzen Orthogonalteil z mal 1↓ bzw. z↓.

Um also den klingonischen Ausdruck (x + y↑ + z↓) aus dem Spaltenvektor $\begin{pmatrix} x \\ y \\ z \end{pmatrix}$ zu erhalten, hat die ehrlose, vermaledeite menschliche Mathematik in höchst verwerflicher Art und Weise den Spaltenvektor $\begin{pmatrix} 1 \\ 1\uparrow \\ 1\downarrow \end{pmatrix}$ erfunden. Hier stehen die Einheitsvektoren 1, 1↑ und 1↓ als Komponenten innerhalb eines Spaltenvektors. Das ist absolut verantwortungslos! 1, 1↑ und 1↓ sind Vektoren und keine Vektorkomponenten.

Doch auf unserem Planeten Terra ist es eine schlimme Mode geworden, mit diesem abscheulichen Konstrukt Skalarprodukte zu bilden, um die klingonischen Ergebnisse zu reproduzieren.

Also wird

$$\begin{pmatrix} \cos 73{,}739795° & \sin 73{,}739795° & 0 \\ -\sin 73{,}739795° & \cos 73{,}739795° & 0 \\ 0 & 0 & 1 \end{pmatrix} \begin{pmatrix} 20 \\ 5 \\ 5 \end{pmatrix} = \begin{pmatrix} 10{,}4 \\ -17{,}8 \\ 5 \end{pmatrix}$$

für den Punkt A hochgradig verwerflich skalar multipliziert, um den korrekten klingonischen Ausdruck

$$\begin{pmatrix} 10{,}4 \\ -17{,}8 \\ 5 \end{pmatrix} \bullet \begin{pmatrix} 1 \\ 1↑ \\ 1↓ \end{pmatrix} = 10{,}4 - 17{,}8↑ + 5↓$$

zu erhalten. Und für den Punkt B wird

$$\begin{pmatrix} \cos 73{,}739795° & \sin 73{,}739795° & 0 \\ -\sin 73{,}739795° & \cos 73{,}739795° & 0 \\ 0 & 0 & 1 \end{pmatrix} \begin{pmatrix} 25 \\ 10 \\ 5 \end{pmatrix} = \begin{pmatrix} 16{,}6 \\ -21{,}2 \\ 5 \end{pmatrix}$$

hochgradig verwerflich skalar multipliziert, um den korrekten klingonischen Ausdruck

$$\begin{pmatrix} 16{,}6 \\ -21{,}2 \\ 5 \end{pmatrix} \bullet \begin{pmatrix} 1 \\ 1↑ \\ 1↓ \end{pmatrix} = 16{,}6 - 21{,}2↑ + 5↓$$

zu erhalten. Und für den Punkt C wird

$$\begin{pmatrix} \cos 73{,}739795° & \sin 73{,}739795° & 0 \\ -\sin 73{,}739795° & \cos 73{,}739795° & 0 \\ 0 & 0 & 1 \end{pmatrix} \begin{pmatrix} 10 \\ 10 \\ 5 \end{pmatrix} = \begin{pmatrix} 12{,}4 \\ -6{,}8 \\ 5 \end{pmatrix}$$

hochgradig verwerflich skalar multipliziert, um den korrekten klingonischen Ausdruck

$$\begin{pmatrix} 12,4 \\ -6,8 \\ 5 \end{pmatrix} \bullet \begin{pmatrix} 1 \\ 1\uparrow \\ 1\downarrow \end{pmatrix} = 12,4 - 6,8\uparrow + 5\downarrow$$

zu erhalten.

Nur weil wir die klingonische Sichtweise ablehnen, und zwar aus Unverstand ablehnen, müssen wir zu diesem mathematischen Verbrechen der vektoriellen Spaltenvektorkomponenten greifen. Es ist ein Skandal, aber ohne diesen Skandal sind wir nicht in der Lage, höherdimensionale Rotationen zu beschreiben.

Wir sind wie kleine Kinder, die vor dem Wunder der Philosophie stehen, und daraus in irdischer Ignoranz profane Mathematik machen.

Umso wichtiger ist es, diese Höher-Dimensionalität klingonisch anzugehen und in ehrenvoller Zerstörung die Welt neu zu erschaffen.

Dies geschieht im folgenden Abschnitt anhand eines vierdimensionalen Beispiels.

Klingonische Vierdimensionalität

In einem vierdimensionalen, rein räumlichen Raum wird der Koordinatenvektor 1↑ ehrenvoll zerstört und der Koordinatenvektor (2 + 6↑ + 5↓ + 4→)/9 ehrenvoll neu erschaffen.

Wie lautet dann die ehrenvoll zerstörte und ehrenvoll neu erschaffene Position der ursprünglichen Stelle (405 + 243↑ + 729↓ + 486→), die sich vom Ursprung des Koordinatensystems aus 405 Einheitsschritte nach rechts in alter Richtung, 243 Einheitsschritte nach oben in glücklicher Richtung, 729 Einheitsschritte nach vorne in stolzer Richtung und 486 Einheitsschritte in eindrucksvoller Richtung entfernt befindet?

Und die eindrucksvolle Richtung ist in der Tat ein-
drucksvoll, denn sie steht senkrecht zur alten, senkrecht zur glücklichen und senkrecht zur stolzen Richtung. Und erst durch diese eindrucksvolle Richtung
wird aus einem profan dreidimensionalen Raum ein echter, gelungener vierdimensionaler Raum.

Die ehrenvolle Lösungsstrategie kennen wir schon: Wir
zerstören die glückliche Koordinatenachse zuerst von
rechts, dann erschaffen wir die neue Koordinatenachse
von rechts. Dann zerstören wir die glückliche Koordinatenachse von links. Und zum Schluss erschaffen wir
die neue Koordinatenachse von links.

Neue Position nach erster Zerstörung der glücklichen
Koordinatenachse von rechts:

$(405 + 243\uparrow + 729\downarrow + 486\rightarrow)$ x $(1\uparrow)^*$

$\qquad = (405 + 243\uparrow + 729\downarrow + 486\rightarrow)$ x $(-1\uparrow)$

$\qquad = -405\uparrow - 243\uparrow\uparrow - 729\downarrow\uparrow - 486\rightarrow\uparrow$

$\qquad = 243 - 405\uparrow + 729\uparrow\downarrow + 486\uparrow\rightarrow$

Neue Position nach erster Erschaffung der neuen
Koordinatenachse von rechts:

$(243 - 405\uparrow + 729\uparrow\downarrow + 486\uparrow\rightarrow)$ x $(2 + 6\uparrow + 5\downarrow + 4\rightarrow)/9$

$\qquad = (27 - 45\uparrow + 81\uparrow\downarrow + 54\uparrow\rightarrow)$ x $(2 + 6\uparrow + 5\downarrow + 4\rightarrow)$

$\qquad = 54 + 270 + 162\uparrow - 90\uparrow - 405\uparrow - 216\uparrow$

$\qquad\qquad + 135\downarrow + 486\downarrow + 108\rightarrow + 324\rightarrow - 225\uparrow\downarrow + 162\uparrow\downarrow$

$\qquad\qquad - 180\uparrow\rightarrow + 108\uparrow\rightarrow + 324\uparrow\downarrow\rightarrow - 270\uparrow\downarrow\rightarrow$

$\qquad = 324 - 549\uparrow + 621\downarrow + 432\rightarrow - 63\uparrow\downarrow - 72\uparrow\rightarrow + 54\uparrow\downarrow\rightarrow$

Klingonische Zwischenprobe:
$(405 + 243\uparrow + 729\downarrow + 486\rightarrow)$

$\qquad$ x $(405 + 243\uparrow + 729\downarrow + 486\rightarrow)^* = 990711$

$(324 - 549\uparrow + 621\downarrow + 432\rightarrow - 63\uparrow\downarrow - 72\uparrow\rightarrow)$

$\qquad$ x $(324 - 549\uparrow + 621\downarrow + 432\rightarrow - 63\uparrow\downarrow - 72\uparrow\rightarrow)^*$

$\qquad\qquad + (54\uparrow\downarrow\rightarrow)$ x $(54\uparrow\downarrow\rightarrow)^* = 990711$

Human-terrane quadratbasierte Zwischenprobe (fast wie bei Pythagoras):

$405^2 + 243^2 + 729^2 + 486^2 = 990711$

$324^2 + (-549)^2 + 621^2 + 432^2 + (-63)^2 + (-72)^2 + 54^2$
$$= 990711$$

Die Zwischenprobe zeigt, dass die Zwischenergebnisse nach einfacher Zerstörung sinnvoll sind.

Neue Position nach zweiter Zerstörung der glücklichen Koordinatenachse nun von links:

$(1\uparrow)^* \times (324 - 549\uparrow + 621\downarrow + 432\rightarrow - 63\uparrow\downarrow - 72\uparrow\rightarrow + 54\uparrow\downarrow\rightarrow)$

$= (-1\uparrow) \times (324 - 549\uparrow + 621\downarrow + 432\rightarrow - 63\uparrow\downarrow - 72\uparrow\rightarrow + 54\uparrow\downarrow\rightarrow)$

$= -549 - 324\uparrow - 63\downarrow - 72\rightarrow - 621\uparrow\downarrow - 432\uparrow\rightarrow + 54\downarrow\rightarrow$

Neue ehrenvoll doppelt zerstörte Position nach zweiter Erschaffung der neuen Koordinatenachse nun von links:

$(2 + 6\uparrow + 5\downarrow + 4\rightarrow)/9$
$\quad \times (-549 - 324\uparrow - 63\downarrow - 72\rightarrow - 621\uparrow\downarrow - 432\uparrow\rightarrow + 54\downarrow\rightarrow)$

$= (2 + 6\uparrow + 5\downarrow + 4\rightarrow)$
$\quad \times (-61 - 36\uparrow - 7\downarrow - 8\rightarrow - 69\uparrow\downarrow - 48\uparrow\rightarrow + 6\downarrow\rightarrow)$

$= 161 - 975\uparrow + 119\downarrow - 2\rightarrow$

Klingonische Probe:
$(405 + 243\uparrow + 729\downarrow + 486\rightarrow)$
$\quad\quad\quad \times (405 + 243\uparrow + 729\downarrow + 486\rightarrow)^* = 990711$
$(161 - 975\uparrow + 119\downarrow - 2\rightarrow) \times (161 - 975\uparrow + 119\downarrow - 2\rightarrow)^*$
$$= 990711$$

Human-terrane quadratbasierte Probe (Pythagoras):
$405^2 + 243^2 + 729^2 + 486^2 = 990711$
$161^2 + (-975)^2 + 119^2 + (-2)^2 = 990711$

Ergebnis: Die ehrenvoll doppelt zerstörte und doppelt neu erschaffene Position befindet sich nun an der Stelle $(161 - 975\uparrow + 119\downarrow - 2\rightarrow)$, also vom Ursprung aus gesehen 161 Einheitsschritte nach rechts, 975 Einheitsschritte nach unten, 119 Einheitsschritte nach

vorne und 2 Einheitsschritte entgegengesetzt zur eindrucksvollen Richtung.

Wie sieht diese ehrenvolle Zerstörung nun aus menschlich-terraner Sichtweise aus? Um diese Rechnung aus
Sicht einer humanoiden Rotation nachzuvollziehen,
müssen zwei zentrale Fragen beantwortet werden:

1. Wo findet die Rotation statt?
2. Wie weit wird rotiert?

Beide Fragen können beantwortet werden, indem das Produkt aus dem zerstörten Koordinatenvektor 1↑ und dem
neu erschaffenen, magisch verformten Koordinatenvektor
(2 + 6↑ + 5↓ + 4→)/9 gebildet wird.

$$1↑ \text{ x } (2 + 6↑ + 5↓ + 4→)^*/9$$

$$= 1↑ \text{ x } (2 - 6↑ - 5↓ - 4→)/9$$

$$= (6 + 2↑ - 5↑↓ - 4↑→)/9$$

Diese Produkt besteht aus zwei Teilen, die die Ant-
worten auf beide Fragen liefern.

Zum einen gibt es den skalaren Anteil des inneren Produkts, der dem Kosinus des halben Rotationswinkels α
entspricht:

$$\cos α = \frac{6}{9} = \frac{2}{3}$$

Der halbe Rotationswinkel α beträgt somit:

$$α = \arccos \frac{2}{3} = 48{,}189685°$$

Daraus lässt sich der vollständige, ehrenvolle Rotationswinkel β bestimmen:

$$β = 2\,α = 2 \text{ x } 48{,}189685° = 96{,}379370°$$

Dies ist die Antwort auf die zweite Frage: Die Rotation wird um einen Rotationswinkel von 96,379370°
erfolgen.

Da wir in der Rotationsmatrix später die Sinus- und Kosinuswerte dieses ehrenvollen Rotationswinkels benötigen, werden diese hier schon jetzt ermittelt:

$$\cos \beta = -\frac{1}{9}$$

$$\sin \beta = \sqrt{1 - \cos^2\beta} = \sqrt{\frac{80}{81}} = \frac{4}{9}\sqrt{5}$$

Nun zur ersten Frage, die mit Hilfe der drei hinteren Terme $(2\uparrow - 5\uparrow\downarrow + 4\uparrow\rightarrow)/9$ des Produkts der Koordinatenvektoren beantwortet werden kann. Diese drei hinteren Terme geben das äußere Produkt an und beschreiben als Bivektor die Rotationsebene, in der die Rotation stattfindet.

Üblicherweise wird die Rotationsebene durch einen Einheits-Bivektor angegeben. Die drei Terme müssen also noch normiert werden:

$$(2\uparrow - 5\uparrow\downarrow - 4\uparrow\rightarrow)/9 \times (2\uparrow - 5\uparrow\downarrow - 4\uparrow\rightarrow)/9$$
$$= (-4 - 25 - 16)/81$$
$$= -\frac{45}{81}$$

Da dieser Ausdruck negativ ist, stellt er aus Sicht der menschlich-terranen Mathematik eine imaginäre Größe dar. Die Normierung erfolgt nun, indem durch die reell gedachte Wurzel $\sqrt{45}/9$ dividiert wird:

$$N = \frac{1}{\sqrt{45}}(2\uparrow - 5\uparrow\downarrow - 4\uparrow\rightarrow) = \frac{1}{3\sqrt{5}}(2\uparrow - 5\uparrow\downarrow - 4\uparrow\rightarrow)$$

Durch diese Normierung verschwindet aber nicht die Eigenschaft der Imaginarität dieses Einheits-Bivektors - eine Tatsache, die in der Geschichte der klingonischen Philosophie eine gewisse Rolle spielte, uns auf dem Planeten Terra aber seit Erfindung der imaginären Zahlen in Verwirrung versetzt.

Die Rotation findet also in dieser Ebene des Bivektors N statt. Vektoren, die sich in dieser Ebene befinden oder parallel zu dieser Ebene liegen, werden rotiert. Und Vektoren, die senkrecht auf dieser Ebene stehen bzw. orthogonal zu dieser Ebene liegen, ändern sich nicht, da sie keiner Rotation unterworfen sind.

Denn orthogonal zur Rotationsebene stehende Vektoren liegen ja parallel zu dem, was wir Humanoiden eine Rotationsachse nennen würden, wenn wir im dreidimensionalen Raum argumentieren. Hier sind wir aber in einem vierdimensionalen Raum und die Rotationsachse ist eine zweidimensionale Rotations-Biachse, um die sich alles dreht.

Der ehrenvoll zerstörte und neu erschaffene Positionsvektor (405 + 243↑ + 729↓ + 486→) steht allerdings nicht perfekt parallel und nicht perfekt orthogonal zur Rotationsebene, sondern er steht schräg zu ihr. Er besteht somit aus einem Parallelteil, der rotiert wird, und einem Orthogonalteil, der unverändert bleibt.

Diese beiden Teile müssen zuerst bestimmt werden, bevor die Rotation mit Hilfe der vermaledeit-humanoiden Rotationsmatrix durchgeführt werden kann.

Dazu splitten wir den Positionsvektor auf, indem wir ihn zerstören. Er wird deshalb zuerst magisch verformt und mit dem Einheits-Bivektor N der Rotationsebene multipliziert:

$$(405 + 243↑ + 729↓ + 486→)^* \times \frac{1}{3\sqrt{5}} (2↑ - 5↑↓ - 4↑→)$$

$$= \frac{1}{\sqrt{5}} (135 + 81↑ + 243↓ + 162→)^* \times (2↑ - 5↑↓ - 4↑→)$$

$$= \frac{1}{\sqrt{5}} (135 - 81↑ - 243↓ - 162→) \times (2↑ - 5↑↓ - 4↑→)$$

$$= \frac{1}{\sqrt{5}} (162 + 2133↑ - 405↓ - 324→ - 189↑↓$$
$$- 216↑→ - 162↑↓→)$$

Dieses Produkt besteht wieder aus zwei verschieden dimensionierten Teilen. Die ersten vier Terme beschreiben einen Vektor und bilden das innere Produkt aus dem magisch verformten Positionsvektor und dem Einheits-Bivektor N.

Deshalb kann der Teil des Positionsvektors, der parallel zur Rotationsebene liegt, durch eine erneute Anmultiplikation des Einheits-Bivektors N gefunden werden. Dies stellt die Neuerschaffung des Parallelteils dar. Dabei sind aber zwei Dinge zu beachten:

1. Imaginarität
2. Magische Verformung

Zu Punkt 1: Der Einheits-Bivektor N generiert ein negatives Minuszeichen, wenn er ein zweites Mal anmultipliziert wird. Dieses Minuszeichen muss durch eine zusätzliche Multiplikation mit -1 ausgeglichen werden. Deshalb fügen wir ganz links dieses zusätzliche Minuszeichen an.

Und zu Punkt 2: Es ergibt sich die magische Verformung des Parallelteils. Diese muss am Ende in einem weiteren Schritt magisch zurückverformt, also zurückgenommen, werden.

$$(\text{Parallelteil})^* = -\frac{1}{\sqrt{5}} \ (162 + 2133\uparrow - 405\downarrow - 324\rightarrow)$$

$$x \ \frac{1}{3\sqrt{5}} \ (2\uparrow - 5\uparrow\downarrow - 4\uparrow\rightarrow)$$

$$= -\frac{1}{5} \ (54 + 711\uparrow - 135\downarrow - 108\rightarrow) \ x \ (2\uparrow - 5\uparrow\downarrow - 4\uparrow\rightarrow)$$

$$= -\frac{1}{5} \ (-1422 + 1215\uparrow + 3555\downarrow + 2844\rightarrow)$$

$$= \frac{1}{5} \ (1422 - 1215\uparrow - 3555\downarrow - 2844\rightarrow)$$

Es hat lange gedauert, bis die klingonische Philosophie erkannt hat, dass dieses Ergebnis nur einen Zwischenschritt angibt, da die magische Verformung noch nicht berücksichtigt wurde. Erst durch Vergleich mit vulkanischen Berechnungen ähnlicher Art wurde klar, dass der letzte Schritt noch fehlte.

Das korrekte Ergebnis lautet also:

$$\text{Parallelteil} = \left((\text{Parallelteil})^*\right)^*$$

$$= \frac{1}{5} \ (1422 - 1215\uparrow - 3555\downarrow - 2844\rightarrow)^*$$

$$= \frac{1}{5} \, (1422 + 1215\uparrow + 3555\downarrow + 2844\rightarrow)$$

In gleicher Art und Weise wird der Orthogonalteil gebildet. Der Teil des Positionsvektors, der senkrecht
zur Rotationsebene steht, wird ebenfalls durch eine
Anmultiplikation des Einheits-Bivektors N und eine
Zusatzmultiplikation mit -1 aufgefunden.

Dazu müssen nun die letzten drei Terme herangezogen
werden, die als äußeres Produkt einen Trivektor beschreiben. Wird dieser Trivektor mit dem Einheits-
Bivektor N und minus Eins multipliziert, ergibt sich
der neu erschaffene magisch verformte Orthogonalteil:

$$(\text{Orthogonalteil})^* = -\frac{1}{\sqrt{5}} \, (-189\uparrow\downarrow - 216\uparrow\rightarrow - 162\uparrow\downarrow\rightarrow)$$

$$\times \frac{1}{3\sqrt{5}} \, (2\uparrow - 5\uparrow\downarrow - 4\uparrow\rightarrow)$$

$$= -\frac{1}{5} \, (-63\uparrow\downarrow - 72\uparrow\rightarrow - 54\uparrow\downarrow\rightarrow) \times (2\uparrow - 5\uparrow\downarrow - 4\uparrow\rightarrow)$$

$$= -\frac{1}{5} \, (-603 + 0\uparrow + 90\downarrow - 414\rightarrow)$$

$$= \frac{1}{5} \, (603 - 90\downarrow + 414\rightarrow)$$

Wie gesagt: Es hat lange gedauert, bis die klingonische Philosophie anerkannt hat, dass hier eine weitere
magische Verformung fehlt. Vulkanische Berechnungen
sind da stringenter und übersichtlicher.

Das korrekte Ergebnis lautet deshalb:

$$\text{Orthogonalteil} = \left((\text{Orthogonalteil})^* \right)^*$$

$$= \frac{1}{5} \, (603 - 90\downarrow + 414\rightarrow)^*$$

$$= \frac{1}{5} \, (603 + 90\downarrow - 414\rightarrow)$$

Diese ganzen Tricksereien mit Imaginarität und magi-
scher Verformung sind hochgradig human und ziemlich
lächerlich. Kein Klingone rechnet so!

Wir Humanoiden vom Planeten Terra benötigen diesen

Krimskrams jedoch, um Rotationsmatrizen bilden zu können, was auf unseren Nachbarplaneten mit höchster Verwunderung und ziemlich amüsiert zur Kenntnis genommen wird.

Klingonen rechnen stattdessen ehrenvoll, so wie zu Beginn dieses Kapitels gezeigt, oder sie rechnen vulkanisch. Absurd-humanoide Rechnungen finden sich bei ihnen nicht.

Da wir auf dem Planeten Terra aus historischen Gründen jedoch diese zweifelartige Art der Mathematik bevorzugen, machen wir nun weiter, zuerst natürlich mit zwei Proben, um sicherzustellen, dass alle unsere Minuszeichen stimmen:

Additionsprobe:

Parallelteil + Orthogonalteil

$$= \frac{1}{5} (1422 + 1215\uparrow + 3555\downarrow + 2844\rightarrow$$
$$+ 603 + 90\downarrow - 414\rightarrow)$$
$$= 405 + 243\uparrow + 729\downarrow + 486\rightarrow$$

Parallelteil und Orthogonalteil ergeben zusammen den korrekten Positionsvektor.

Winkelprobe (Die Normierung sparen wir uns):

$$\cos \gamma = \frac{1}{25} \begin{pmatrix} 1422 \\ 1215 \\ 3555 \\ 2844 \end{pmatrix} \bullet \begin{pmatrix} 603 \\ 0 \\ 90 \\ -414 \end{pmatrix} = 0 \qquad \Rightarrow \qquad \gamma = 90°$$

Parallelteil und Orthogonalteil stehen senkrecht zueinander.

So, und jetzt wird rotiert, und zwar menschlich-dumpf mit Hilfe unserer bekannten Rotationsmatrix für dreidimensionale Situationen. So sind wir Menschen. Wir haben es gerne kompliziert, und rotieren Vierdimensionales halt in dreidimensionaler Schreibweise, weil wir mit der echten, ehrenvollen, klingonisch überzeu-

genden vierdimensionalen Philosophie hadern. Wir
Menschen sind hier halt wie bockige kleine Kinder.

Also:

$$\text{rotierter Spaltenvektor} = \begin{pmatrix} \cos\beta & -\sin\beta & 0 \\ \sin\beta & \cos\beta & 0 \\ 0 & 0 & 1 \end{pmatrix} \begin{pmatrix} x \\ y \\ z \end{pmatrix} = \begin{pmatrix} x' \\ y' \\ z' \end{pmatrix}$$

Die x-Richtung zeigt dabei in Richtung des Parallelteils. Die noch zu bestimmende y-Richtung liegt in
der Rotationsebene senkrecht zum Parallelteil. Und
die z-Richtung zeigt in Richtung des Orthogonalteils.

Der vierdimensionale Positionsvektor wird auf dem Planeten Terra also naiv als dreidimensionaler Spaltenvektor geschrieben, denn er setzt sich zusammen aus:

Ursprünglicher Positionsvektor

$$= 1 \text{ x Parallelteil}$$
$$+ 0 \text{ x senkrechter Rotationsebenenteil}$$
$$+ 1 \text{ x Orthogonalteil}$$
$$= \begin{pmatrix} 1 \\ 0 \\ 1 \end{pmatrix}$$

Da wir die trigonometrischen Werte des ehrenvollen Rotationswinkels β mit

$$\cos\beta = -\frac{1}{9} \qquad \sin\beta = \frac{4}{9}\sqrt{5}$$

schon kennen, können wir den rotierten Positionsvektor
als naiven, dreidimensionalen Spaltenvektor berechnen.

Also:

$$\text{rotierter Positionsvektor} = \begin{pmatrix} -\frac{1}{9} & -\frac{4}{9}\sqrt{5} & 0 \\ \frac{4}{9}\sqrt{5} & -\frac{1}{9} & 0 \\ 0 & 0 & 1 \end{pmatrix} \begin{pmatrix} 1 \\ 0 \\ 1 \end{pmatrix} = \begin{pmatrix} -\frac{1}{9} \\ \frac{4}{9}\sqrt{5} \\ 1 \end{pmatrix}$$

Das also ist unser menschlich-terranes Ergebnis. Viel sagt es uns nicht, denn noch müssen wir es mit Hilfe unserer unzulänglichen, morbid-schmutzigen, humanen Mathematik in die klingonische Schreibweise übertragen.

Wie im letzten Kapitel beschrieben, bilden wir dazu wieder einen Spaltenvektor aus Vektoren, den wir dann skalar mit dem obigen Ergebnis multiplizieren.

Mit dem Parallelteil und dem Orthogonalteil sind die erste und dritte Komponente dieses vermaledeiten Vektors bereits bekannt, denn wir hatten ja bereits in der Additionsprobe gezeigt, dass gilt:

$$
\begin{pmatrix} 1 \\ 0 \\ 1 \end{pmatrix} \bullet \begin{pmatrix} \frac{1}{5}(1422 + 1215\uparrow + 3555\downarrow + 2844\rightarrow) \\ \text{unbekannter senkrechter Rotationsebenenvektor} \\ \frac{1}{5}(603 + 90\downarrow - 414\rightarrow) \end{pmatrix}
$$

$$
= \frac{1}{5}(1422 + 1215\uparrow + 3555\downarrow + 2844\rightarrow
$$
$$
+ 603 + 90\downarrow - 414\rightarrow)
$$

$$
= 405 + 243\uparrow + 729\downarrow + 486\rightarrow
$$

$$
= \text{ursprünglicher Positionsvektor}
$$

Die fehlende zweite Komponente ergibt sich wieder in zwei Schritten, denn deren magische Verformung lässt sich durch Multiplikation des magisch verformten Parallelteils mit dem Einheits-Bivektor der Rotationsebene ermitteln:

magisch verformter senkrechter
Rotationsebenenvektor

$$
= (\text{senkrechter Rotationsebenenvektor})^*
$$
$$
= \frac{1}{5}(1422 + 1215\uparrow + 3555\downarrow + 2844\rightarrow)^*
$$
$$
\times \frac{1}{3\sqrt{5}}(2\uparrow - 5\uparrow\downarrow - 4\uparrow\rightarrow)
$$
$$
= \frac{1}{5}(1422 - 1215\uparrow - 3555\downarrow - 2844\rightarrow)
$$
$$
\times \frac{1}{3\sqrt{5}}(2\uparrow - 5\uparrow\downarrow - 4\uparrow\rightarrow)
$$

$$= \frac{1}{5\sqrt{5}} \ (474 - 405{\uparrow} - 1185{\downarrow} - 948{\rightarrow})$$

$$\mathbf{x} \ (2{\uparrow} - 5{\uparrow\downarrow} - 4{\uparrow}{\rightarrow})$$

$$= \frac{1}{5\sqrt{5}} \ (810 + 10665{\uparrow} - 2025{\downarrow} - 1620{\rightarrow})$$

$$= \frac{1}{\sqrt{5}} \ (162 + 2133{\uparrow} - 405{\downarrow} - 324{\rightarrow})$$

Jetzt muss nur noch magisch entformt, also die magische Verformung zurückverformt werden:

senkrechter
Rotationsebenenvektor

$$= \text{(magisch verformter senkrechter}$$
$$\text{Rotationsebenenvektor})^{*}$$

$$= \frac{1}{\sqrt{5}} \ (162 + 2133{\uparrow} - 405{\downarrow} - 324{\rightarrow})^{*}$$

$$= \frac{1}{\sqrt{5}} \ (162 - 2133{\uparrow} + 405{\downarrow} + 324{\rightarrow})$$

Gerne Überprüfen wir dieses Zwischenergebnis auch wieder durch diverse Proben:

Längenprobe:

$$\frac{1}{5} \ (1422 + 1215{\uparrow} + 3555{\downarrow} + 2844{\rightarrow})$$

$$\mathbf{x} \ \frac{1}{5} \ (1422 + 1215{\uparrow} + 3555{\downarrow} + 2844{\rightarrow})^{*} = 968986,8$$

$$\frac{1}{\sqrt{5}} \ (162 - 2133{\uparrow} + 405{\downarrow} + 324{\rightarrow})$$

$$\mathbf{x} \ \frac{1}{\sqrt{5}} \ (162 - 2133{\uparrow} + 405{\downarrow} + 324{\rightarrow})^{*} = 968986,8$$

Der Parallelteil hat als parallel stehender Rotationsebenenvektor die gleiche Länge wie der orthogonal zu ihm stehende senkrechte Rotationsebenenvektor. (Diese Orthogonalität überprüfen wir gleich im Anschluss mit der ersten Winkelprobe.)

Erste Winkelprobe: Parallelteil und senkrechter Rotationsebenenvektor (Wenn's nicht Null geworden wäre, müssten wir noch normieren. Können wir uns hier aber glücklicherweise sparen.)

$$\cos \gamma_1 = \frac{1}{5\sqrt{5}} \begin{pmatrix} 1422 \\ 1215 \\ 3555 \\ 2844 \end{pmatrix} \bullet \begin{pmatrix} 162 \\ -2133 \\ 405 \\ 324 \end{pmatrix} = 0 \qquad \Rightarrow \qquad \gamma_1 = 90°$$

Der parallel stehende Rotationsebenenvektor (Parallelteil) und der senkrecht stehende Rotationsebenenvektor stehen senkrecht zueinander.

Zweite Winkelprobe: Orthogonalteil und senkrechter Rotationsebenenvektor (Wenn's nicht Null geworden wäre, müssten wir noch normieren...)

$$\cos \gamma_2 = \frac{1}{5\sqrt{5}} \begin{pmatrix} 603 \\ 0 \\ 90 \\ -414 \end{pmatrix} \bullet \begin{pmatrix} 162 \\ -2133 \\ 405 \\ 324 \end{pmatrix} = 0 \qquad \Rightarrow \qquad \gamma_2 = 90°$$

Der Orthogonalteil und der senkrecht stehende Rotationsebenenvektor stehen senkrecht zueinander.

Nach dieser Proberei können wir den vermaledeiten, grässlichen Spaltenvektor der Vektoren als Komponenten bilden, den wir Humanoiden so dringend benötigen. Er lautet:

$$\begin{pmatrix} \frac{1}{5}(1422 + 1215\!\uparrow + 3555\!\downarrow + 2844\!\rightarrow) \\[2mm] \frac{1}{\sqrt{5}}(162 - 2133\!\uparrow + 405\!\downarrow + 324\!\rightarrow) \\[2mm] \frac{1}{5}(603 + 90\!\downarrow - 414\!\rightarrow) \end{pmatrix}$$

Damit lässt sich unser human-terranes Ergebnis des rotierten Positionsvektors endlich verstehen und in die klingonische Schreibweise übersetzen:

rotierter Positionsvektor in
klingonischer Schreibweise

$$= \begin{pmatrix} -\dfrac{1}{9} \\[2mm] \dfrac{4}{9}\sqrt{5} \\[2mm] 1 \end{pmatrix} \bullet \begin{pmatrix} \dfrac{1}{5}(1422 + 1215{\uparrow} + 3555{\downarrow} + 2844{\rightarrow}) \\[2mm] \dfrac{1}{\sqrt{5}}(162 - 2133{\uparrow} + 405{\downarrow} + 324{\rightarrow}) \\[2mm] \dfrac{1}{5}(603 + 90{\downarrow} - 414{\rightarrow}) \end{pmatrix}$$

$$= -\frac{1}{45}(1422 + 1215{\uparrow} + 3555{\downarrow} + 2844{\rightarrow})$$
$$+ \frac{4}{9}(162 - 2133{\uparrow} + 405{\downarrow} + 324{\rightarrow})$$
$$+ \frac{1}{5}(603 + 90{\downarrow} - 414{\rightarrow})$$

$$= \frac{1}{5}(-158 - 135{\uparrow} - 395{\downarrow} - 316{\rightarrow})$$
$$+ (72 - 948{\uparrow} + 180{\downarrow} + 144{\rightarrow})$$
$$+ \frac{1}{5}(603 + 90{\downarrow} - 414{\rightarrow})$$

$$= 161 - 975{\uparrow} + 119{\downarrow} - 2{\rightarrow}$$

Heureka! Der rotierte Positionsvektor lautet in der Tat (161 - 975↑ + 119↓ - 2→), also wurde die Position human-terran an die Stelle rotiert, die vom Ursprung aus gesehen 161 Einheitsschritte nach rechts, 975 Einheitsschritte nach unten, 119 Einheitsschritte nach vorne und 2 Einheitsschritte entgegengesetzt zur eindrucksvollen Richtung liegt.

Das ist das gleiche Ergebnis, das die klingonische Philosophie locker und elegant mit Hilfe der ehrenvollen Zerstörung findet.

Die human-terrane Mathematik dagegen geht einen verkorkst verzwickten, unübersichtlich rotationsfixierten Weg, der im Rest des Universums nur Kopfschütteln hervorruft. Aber Heureka, so sind wir Menschen. Wir lieben Umwege. Und wir lieben Rotationsmatrizen.

Dicke Kartoffeln

Hamilton hat eine flache Stirn. Hamiltons Mutter hat
eine flache und faltenlose Stirn. Vor der Anwendung
Hamiltonscher Mathematik wird gewarnt.

Dieses harsche klingonische Urteil über einen weiteren Aspekt der terran-menschlichen Sichtweise auf die
Mathematik hat mehrere Gründe. Die wesentlichen sind:
Hamilton (und mit ihr große Teile der humanen Mathematik des Planeten Terra) gilt als jämmerlicher Ver-
sager, als Weichei, und als einer, der das Kämpfen
verweigert. Hamilton hat kapituliert, noch bevor der
Kampf richtig angefangen hat. Und mit ihm hat die humanoide Mathematik kapituliert.

Ja, Hamilton ist ein Weichei, der jeden Morgen, trä-
nenerstickt und mit depressiv versagender Stimme,
seinem Sohn sein Scheitern einräumte: „No, no, no,
no, oh no, I can only - - I can only - - - No, no, I
cannot multiply triplets.“ Schnief, schnief. Während
menschlich-terrane Mathematiker die Dramatik dieses
Eingestehens feiern und in wichtigen Büchern (Conway,
Guy 1997), (Conway, Smith 2003) als Meilenstein humanoiden Strebens hervorheben, ruft diese Schilderung
bei klingonischen Philosophen nur pure Verachtung
hervor.

So ein Jammerlappen, der dann auch noch in vollkommener Umnebelung die Brougham Bridge in Dublin demo-
lierte.

Kein Verständnis hat die klingonische Philosophie
für die zahlreichen human-terranen mathematischen
Darstellungen, die betonen, dass eine Beschreibung
räumlicher Drehungen nur durch Quadrupel möglich ist.
Schließlich behaupten zahlreiche Ausarbeitungen der
human-terranen Mathematik, dass Drehungen nicht
durch Tripel der Form $(x + yi + zj)$ oder klingonisch
$(x + i\uparrow + j\downarrow)$ beschrieben werden können.

Vollkommen absurd klingen in klingonischen Ohren Sätze
wie: „Zur Beschreibung einer beliebigen Drehstreckung

in drei Dimensionen reichen drei reelle Zahlen nicht aus; Hamilton brauchte eine vierte." (Baez 2011) oder: „Die Deutung als Drehstreckung im Raum verdeutlicht nochmals, dass eine Quaternion vier Komponenten benötigt: Der Skalarteil beschreibt die Längenänderung, die drei Komponenten des Vektorteils die Richtungsänderung" (Tietze, Klika, Wolpers 2000).

Dies ist vollkommener Wirrsinn! Und hier in diesem Buch wurde ja gezeigt, wie mit Hilfe der ehrenvollen Zerstörung und Neuerschaffung Vektoren im dreidimensionalen Raum gedreht werden können, und zwar mit Hilfe der Tripelmathematik ($x + i\uparrow + j\downarrow$).

Dennoch: Wäre dies das einzige Verbrechen Hamiltons, so würde die klingonische Philosophie großzügig über diese Lässlichkeit hinwegsehen. Nein, es ist schlimmer: Hamilton hat nicht nur versagt. Hamilton hat versagt, ohne zu kämpfen. Hamilton hat das Kämpfen verweigert — und das ist ein echter Frevel, wie im nächsten Kapitel gezeigt wird.

Aber zuerst einmal hat Hamilton einfach Glück gehabt. Mit seinen Formeln schuf er natürlich einen großen Murks, den er selbst nicht verstand:

$$i^2 = j^2 = k^2 = -1$$

$$ij = k \qquad jk = i \qquad ki = j$$

Der Grund, warum aus klingonischer Sicht klar ist, dass Hamilton seine eigenen Formeln nicht verstand, ist recht klar: Die Multiplikation zweier senkrecht zueinander stehender Vektoren ergibt bei Hamilton wieder einen Vektor. i und j sind Einheitsvektoren, k ist ein Einheitsvektor. Das ist konzeptionell grottengrässlich!

Es weiß doch jeder ehrliche Klingone: Die Multiplikation zweier senkrecht zueinander stehender Vektoren ergibt ein zweidimensionales Flächenelement, also einen Bivektor. i mal j gleich ij. Und ij muss eine Einheitsfläche sein und kein Vektor.

Die geometrische Information der Flächenartigkeit wird hier mutwillig unter den Tisch gekehrt.

Trotzdem hat Hamilton Glück gehabt, sehr großes Glück sogar. Er wollte ja nur eine Rotation von Vektoren mit drei Komponenten in einem dreidimensionalen Raum beschreiben. Gelungen ist ihm ausversehen etwas, was er gar nicht wollte: Mit seinen Quaternionen kann er Rotationen von Vektoren mit vier Komponenten in einem vierdimensionalen Raum beschreiben. Potztausend, wieso sagt das denn auf dem Planeten Terra niemand?

Die Aufgabe aus dem vorangegangenen Kapitel kann also auch mit Hilfe der Quaternionen Hamiltons gelöst werden. Und das geht so:

In einem vierdimensionalen, rein räumlichen Raum wird der Vektor $1i = i$ (das entspricht dem klingonischen Koordinatenvektor $1\uparrow$) zwei mal seitenunterschiedlich (also um den doppelten Winkel zwischen den Vektoren von rechts und von links) in den Vektor $(2 + 6i + 5j + 4k)/9$ rotiert. (Das entspricht dem neuen klingonischen Koordinatenvektor aus dem letzten Kapitel $(2 + 6\uparrow + 5\downarrow + 4\rightarrow)/9$)).

Wie lautet der neue Positionsvektor, wenn der gegebene Positionsvektor $(405 + 243i + 729j + 486k)$ (das entspricht der klingonischen Position $(405 + 243\uparrow + 729\downarrow + 486\rightarrow)$) der gleichen Rotation unterworfen wird?

Wir folgen der bekannten klingonischen Lösungsstrategie: Erst eine Multiplikation mit dem quaternionisch konjugierten ersten Vektor von rechts, dann eine Multiplikation mit dem zweiten Vektor von rechts, dann eine Multiplikation wieder mit dem quaternionisch konjugierten ersten Vektor von links, und zum Schluss wieder eine Multiplikation mit dem zweiten Vektor von links.

Erste Hamiltonsche Multiplikation:

$(405 + 243i + 729j + 486k) \times i^*$

$= (405 + 243i + 729j + 486k) \times (-i)$

$$= -405i - 243i^2 - 729ji - 486ki$$
$$= 243 - 405i - 486j + 729k$$

Glück gehabt, das entspricht dem klingonischen Zwischenergebnis von (243 - 405↑ + 729↑↓ + 486↑→).

Zweite Hamiltonsche Multiplikation:

$$(243 - 405i - 486j + 729k) \times (2 + 6i + 5j + 4k)/9$$
$$= (27 - 45i - 54j + 81k) \times (2 + 6i + 5j + 4k)$$
$$= 54 + 162i + 135j + 108k - 90i - 270i^2$$
$$\quad - 225ij - 180ik - 108j - 324ji - 270j^2$$
$$\quad - 216jk + 162k + 486ki + 405kj + 324k^2$$
$$= 54 + 162i + 135j + 108k - 90i + 270$$
$$\quad - 225k + 180j - 108j + 324k + 270$$
$$\quad - 216i + 162k + 486j - 405i - 324$$
$$= 270 - 549i + 693j + 369k$$

Dieses Zwischenergebnis entspricht nun nicht mehr dem klingonischen Zwischenergebnis von
(324 - 549↑ + 621↓ + 432→ - 63↑↓ - 72↑→ + 54↑↓→). Hier wurde geometrische Information vernichtet. Wo Hamilton nur eine Vektorkomponenten sieht, sehen Klingonen Vektoranteile und volumenartige Trivektoranteile:

270 (Hamilton) =   324 (klingonischer Vektor)
                  - 54 (klingonischer Trivektor)

-549 (Hamilton) = -549 (klingonischer Vektor)
                  +   0 (klingonischer Trivektor)

693 (Hamilton) =   621 (klingonischer Vektor)
                  + 72 (klingonischer Trivektor)

369 (Hamilton) =   432 (klingonischer Vektor)
                  - 63 (klingonischer Trivektor)

Trotzdem klappt natürlich die Zwischenprobe.

Klingonische Zwischenprobe:
(405 + 243↑ + 729↓ + 486→)
$$\times (405 + 243↑ + 729↓ + 486→)^* = 990711$$

$$(324 - 549\uparrow + 621\downarrow + 432\rightarrow - 63\uparrow\downarrow - 72\uparrow\rightarrow)$$
$$x\ (324 - 549\uparrow + 621\downarrow + 432\rightarrow - 63\uparrow\downarrow - 72\uparrow\rightarrow)^*$$
$$+ (54\uparrow\downarrow\rightarrow)\ x\ (54\uparrow\downarrow\rightarrow)^* = 990711$$

Hamiltonsche Zwischenprobe:
$$(243 - 405i - 486j + 729k)$$
$$x\ (243 - 405i - 486j + 729k)^* = 990711$$
$$(270 - 549i + 693j + 369k)$$
$$x\ (270 - 549i + 693j + 369k)^* = 990711$$

Hamilton hat also immer noch Glück gehabt, und wir machen weiter:

Dritte Hamiltonsche Multiplikation:

$$i^* \ x \ (270 - 549i + 693j + 369k)$$
$$= -i \ x \ (270 - 549i + 693j + 369k)$$
$$= -270i + 549i^2 - 693ij - 369ik$$
$$= -549 - 270i + 369j - 693k$$

Vierte Hamiltonsche Multiplikation:

$$(2 + 6i + 5j + 4k)/9 \ x \ (-549 - 270i + 369j - 693k)$$
$$= (2 + 6i + 5j + 4k) \ x \ (-61 - 30i + 41j - 77k)$$
$$= -122 - 60i + 82j - 154k - 366i - 180i^2$$
$$\qquad + 246ij - 462ik - 305j - 150ji + 205j^2$$
$$\qquad - 385jk - 244k - 120ki + 164kj - 308k^2$$
$$= -122 - 60i + 82j - 154k - 366i + 180$$
$$\qquad + 246k + 462j - 305j + 150k - 205$$
$$\qquad - 385i - 244k - 120j - 164i + 308$$
$$= -122 - 60i + 82j - 154k - 366i + 180$$
$$\qquad + 246k + 462j - 305j + 150k - 205$$
$$\qquad - 385i - 244k - 120j - 164i + 308$$
$$= 161 - 975i + 119j - 2k$$

Keine Frage: Der dümmste Bauer erntet die dicksten Kartoffeln. Hamilton hat hier sehr viel Glück gehabt, denn sein Ergebnis entspricht tatsächlich dem klingonischen Ergebnis von $(161 - 975\uparrow + 119\downarrow - 2\rightarrow)$.

Trotzdem gilt: Hamilton hat das Kämpfen verweigert und sich lieber alkoholischen Dingen zugetan. Er hat sein Leben verpfuscht und ist ein Loser, der es hätte besser machen können, wie nachfolgend gezeigt wird.

Theorie: Klingonische Oktonionen

Hamilton hat das Kämpfen verweigert! Dabei hat er gesehen, dass er hätte kämpfen müssen. Stattdessen verschrieb er sich der quaternionischen Alchemie und versuchte, durch mathematische Transmutation Gold zu erschwindeln.

Die historischen Hintergründe sind tagesgenau bekannt: Am 26. Oktober 1843 schrieb John T. Graves, ein Freund Hamiltons, an ihn: „If you with your alchemy can make three pounds of gold, why should you stop there?" (Baez 2002).

Drei Monate lang arbeitete Graves dann selbst als mathematischer Alchemist: „Graves then set to work on some gold of his own!" (Baez 2002). Am 26. Dezember 1843 war er dann endlich fertig und schickte Hamilton ein Paper zu, in dem er die Mathematik der Oktonionen beschrieb. Und immer mehr Briefe schickte er an den armen Hamilton, der von den Oktonionen nichts wissen wollte und sich lieber in die Alchemie der Quaternionen vertiefte.

Dann endlich im Juli 1844 hatte Hamilton die Schnauze voll und antwortete mit einem Befreiungsschlag: „A · BC = AB · C = ABC if A, B, be quaternions, but not so, generally, with your octaves" (Baez 2002). Hamilton hatte erkannt, dass die Oktonionen nicht-assoziativ sind und auch Baez erläutert dies ausführlich: „In fact, Hamilton first invented the term ‘associative' at about this time, so the octonions may have played a role in clarifying the importance of this concept" (Baez 2002).

So weit, so gut.

Hamilton hatte also klar erkannt, dass die Oktonionen nicht assoziativ sind, und genau zu diesem Zeitpunkt, so der Vorwurf der klingonischen Philosophie, hätte Hamilton kämpfen müssen!

Hamilton hätte hier und sofort kämpfen müssen für assoziative Oktonionen! Stattdessen hat er kapituliert, sofort aufgegeben und nicht einmal versucht, die Assoziativität zu verteidigen. Aus klingonischer Sicht hat Hamilton nichts anderes getan als sich bei Nacht und Nebel mathematisch aus dem Staub zu machen und assoziative Fahnenflucht zu begehen.

Diese Schande wird ihm bis heute von klingonischen Philosophen und Buchhändlern vorgehalten. Deshalb auch die grobe Anschuldigung: Hamilton hat eine flache Stirn. Hätte Hamilton klingonisch gedacht und klingonisch gehandelt, wäre er ein Held geworden!

Die philosophisch-mathematischen Einzelheiten der Hamiltonschen Fahnenflucht werden im Folgenden nun beleuchtet.

Dazu analysieren wir die oktonionische Multiplikationstabelle, die sich beispielsweise in (Baez 2002) abgedruckt findet.

	1	e_1	e_2	e_3	e_4	e_5	e_6	e_7
1	1	e_1	e_2	e_3	e_4	e_5	e_6	e_7
e_1	e_1	-1	e_4	e_7	$-e_2$	e_6	$-e_5$	$-e_3$
e_2	e_2	$-e_4$	-1	e_5	e_1	$-e_3$	e_7	$-e_6$
e_3	e_3	$-e_7$	$-e_5$	-1	e_6	e_2	$-e_4$	e_1
e_4	e_4	e_2	$-e_1$	$-e_6$	-1	e_7	e_3	$-e_5$
e_5	e_5	$-e_6$	e_3	$-e_2$	$-e_7$	-1	e_1	e_4
e_6	e_6	e_5	$-e_7$	e_4	$-e_3$	$-e_1$	-1	e_2
e_7	e_7	e_3	e_6	$-e_1$	e_5	$-e_4$	$-e_2$	-1

Wenn die links in der ersten Spalte stehenden Größen mit denen in der ersten Zeile stehenden multipliziert werden, ergeben sich die in der Tabelle eingetragenen Werte.

Beispielsweise ist also

$$e_6 \text{ x } e_4 = -e_3$$

Und umgekehrt gilt aufgrund der Anti-Kommutativität

$$e_4 \text{ x } e_6 = e_3$$

was aus der Eintragung in der e_4-Zeile sowie der e_6-Spalte ablesbar ist.

Das kann auch struktur-graphisch überformt mit Hilfe der Fano-Ebene ausgedrückt werden (Baez 2002). Hier wird die Richtung der Multiplikation dann durch Pfeile angegeben:

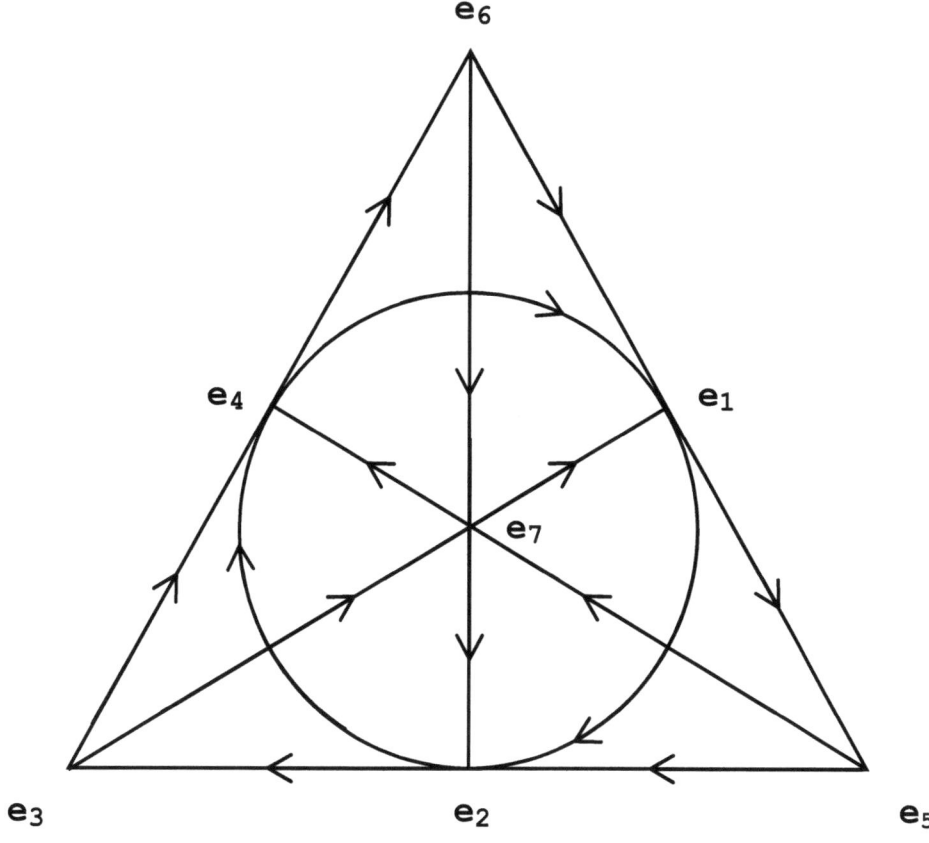

An der linken Seitenkante ist dann die Beziehung

$$e_3 \text{ Pfeil } e_4 \text{ Pfeil } e_6$$

ablesbar, was mathematisch als

$$e_3 \times e_4 = e_6$$

zu interpretieren ist. In der Fano-Ebene steht somit der erste Pfeil für eine Multiplikation, während der zweite Pfeil einem Gleichheitszeichen entspricht.

Und unter Rückgriff auf das, was wir Humanoiden „zyklische Vertauschung" nennen, gilt dann

$$e_4 \times e_6 = e_3 \qquad \text{und} \qquad e_6 \times e_3 = e_4$$

Bei Reihenfolgenumkehr werden die gleichen Beziehungen negativ umgestülpt:

$$e_4 \times e_3 = -e_6 \quad \text{und} \quad e_6 \times e_4 = -e_3 \quad \text{und} \quad e_3 \times e_6 = -e_4$$

Die Eintragungen der Oktonionen-Multiplikationstabelle werden durch die Fano-Ebene also exakt reproduziert.

Diese Multiplikationen sind in der Tat nicht assoziativ. Zwei einfache Beispiele zeigen dies klar und deutlich:

$$(e_1 \times e_2) \times e_3 = e_4 \times e_3 = -e_6$$

$$e_1 \times (e_2 \times e_3) = e_1 \times e_5 = e_6$$

$$\Rightarrow \quad (e_1 \times e_2) \times e_3 \neq e_1 \times (e_2 \times e_3)$$

Oder hier das zweite Beispiel:

$$(e_5 \times e_6) \times e_7 = e_1 \times e_7 = -e_3$$

$$e_5 \times (e_6 \times e_7) = e_5 \times e_2 = e_3$$

$$\Rightarrow \quad (e_5 \times e_6) \times e_7 \neq e_5 \times (e_6 \times e_7)$$

Es macht also einen Unterschied, wo genau Klammern gesetzt und welche Multiplikationen zuerst ausgeführt

werden. Wie gesagt: Hamilton hat nichts getan, um
Gleichungen zu finden, die ohne Klammern auskommen.
Hamilton hat nicht gekämpft und es vorgezogen, sofort
zu kapitulieren.

Die klingonische Philosophie hat diesen Kampf geführt,
und sie hat ihn gewonnen. Nach langen Auseinandersetzungen
mit den philosophischen Verästelungen klingonisch
multiplikativer Subduktionen wurden von der
klingonischen Buchhandelsgewerkschaft zahlenstrukturelle
Ersetzungen vorgenommen. Damit soll eine vollständige
Assoziativität sichergestellt werden.

Die Ersetzungen werden im folgenden Fano-Diagramm gezeigt.
Im ersten Anlauf ergaben sich allerdings diverse
Probleme.

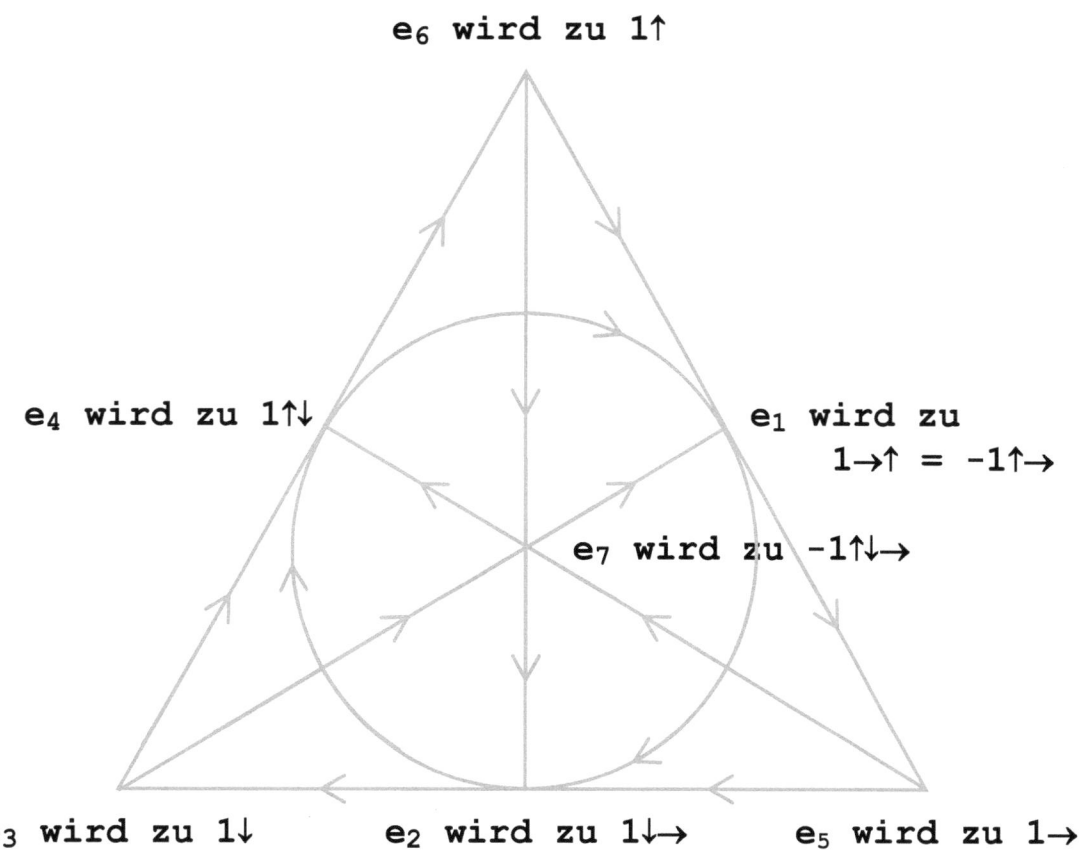

e_6 wird zu $1\uparrow$

e_4 wird zu $1\uparrow\downarrow$

e_1 wird zu $1\rightarrow\uparrow = -1\uparrow\rightarrow$

e_7 wird zu $-1\uparrow\downarrow\rightarrow$

e_3 wird zu $1\downarrow$

e_2 wird zu $1\downarrow\rightarrow$

e_5 wird zu $1\rightarrow$

Das erste Problem: Die Orientierung des inneren Kreises
kehrt sich um, denn jetzt gilt:

$1\uparrow\downarrow$ x $1\downarrow\rightarrow = 1\uparrow\downarrow\downarrow\rightarrow = -1\uparrow\rightarrow = 1\rightarrow\uparrow$

$1\downarrow\rightarrow$ x $1\rightarrow\uparrow$ = $1\downarrow\rightarrow\rightarrow\uparrow$ = $-1\downarrow\uparrow$ = $1\uparrow\downarrow$

$1\rightarrow\uparrow$ x $1\uparrow\downarrow$ = $1\rightarrow\uparrow\uparrow\downarrow$ = $-1\rightarrow\downarrow$ = $1\downarrow\rightarrow$

Die Pfeile müssen also entgegen der Uhrzeigerrichtung in den inneren Kreis des Fano-Diagramms eingezeichnet werden. Das bedeutet: Die Händigkeit des Koordinatensystems, das durch konventionell-humane Oktonionen recht unzulänglich gebildet wird, entspricht nicht der Händigkeit des Koordinatensystems, das die klingonischen Oktonionen generieren.

Und das zweite Problem: Die Pfeilangaben an den Strecken, die durch das Zentrum des Fano-Diagramms (also durch $-1\uparrow\downarrow\rightarrow$ bzw. das ehemalige e_7) gehen, können ganz weggelassen werden, denn die Elemente an diesen Strecken kommutieren. Es ist also egal, von welcher Seite aus Elemente mit dem negativen Einheits-Trivektor ($-1\uparrow\downarrow\rightarrow$) als Zentralgröße multipliziert werden:

$1\uparrow$ x $(-1\uparrow\downarrow\rightarrow)$ = $1\downarrow\rightarrow$ = $(-1\uparrow\downarrow\rightarrow)$ x $1\uparrow$

$1\downarrow$ x $(-1\uparrow\downarrow\rightarrow)$ = $1\rightarrow\uparrow$ = $(-1\uparrow\downarrow\rightarrow)$ x $1\downarrow$

$1\rightarrow$ x $(-1\uparrow\downarrow\rightarrow)$ = $1\uparrow\downarrow$ = $(-1\uparrow\downarrow\rightarrow)$ x $1\rightarrow$

Allerdings scheitert die zyklische Vertauschung:

$(-1\uparrow\downarrow\rightarrow)$ x $(1\downarrow\rightarrow)$ = $1\uparrow$ gilt noch

$(1\downarrow\rightarrow)$ x $1\uparrow$ = $-1\uparrow\downarrow\rightarrow$ ist aber falsch und gilt nicht

Aus menschlich-mathematischer Sicht kann man sagen: Um die Assoziativität zu retten, wird die zyklische Vertauschung fallen gelassen. Aber es gibt auch klingonisch-philosophische Gründe, die die zyklische Vertauschung problematisch erscheinen lassen. Dies wird im folgenden Kapitel ausgearbeitet.

Ganz wie vorgesehen quaternionisch-normal verhalten sich aber die Elemente an den Seitenkanten des klingonischen Fano-Diagramms:

$1\uparrow$ x $1\rightarrow\uparrow$ = $1\uparrow\rightarrow\uparrow$ = $-1\uparrow\uparrow\rightarrow$ = $1\rightarrow$

$1{\rightarrow}$ x $1{\downarrow}{\rightarrow}$ = $1{\rightarrow}{\downarrow}{\rightarrow}$ = $-1{\rightarrow}{\rightarrow}{\downarrow}$ = $1{\downarrow}$

$1{\downarrow}$ x $1{\uparrow}{\downarrow}$ = $1{\downarrow}{\uparrow}{\downarrow}$ = $-1{\downarrow}{\downarrow}{\uparrow}$ = $1{\uparrow}$

Das vollständige klingonische Fano-Diagramm sieht dann folgendermaßen aus:

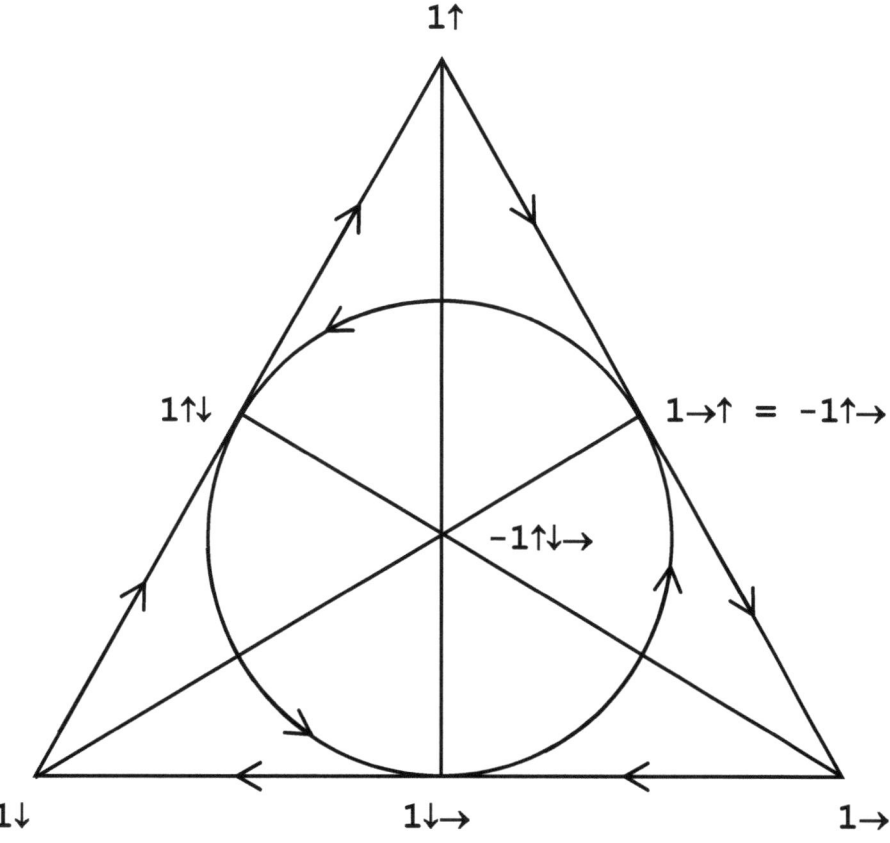

Aus diesem klingonischen Fano-Diagramm kann dann die auf der folgenden Seite abgebildete Multiplikations-tabelle für klingonische Oktonionen abgeleitet werden.

In dieser Tabelle wird noch eine dritte Änderung sichtbar: Der negative Trivektor ($-1{\uparrow}{\downarrow}{\rightarrow}$) als Zentral-wert des Fano-Diagramms quadriert nun positiv. Er ist somit keine imaginäre Größe mehr.

Alle diese Änderungen werden vorgenommen, um die Asso-ziativität der klingonischen Oktonionen zu gewährleisten. Und in der Tat: eine subduktiv-vertiefende Über-prüfung zeigt, dass dieses Ziel erreicht wird. Was Hamilton nicht geschafft hat, ist hier verwirklicht: Acht geometrisch interpretierbare, assoziative Größen werden klingonisch generiert.

	1	1→↑	1↓→	1↓	1↑↓	1→	1↑	-1↑↓→
1	+1	1→↑	1↓→	1↓	1↑↓	1→	1↑	-1↑↓→
1→↑	1→↑	-1	-1↑↓	1↑↓→	1↓→	1↑	-1→	1↓
1↓→	1↓→	1↑↓	-1	1→	-1→↑	-1↓	1↑↓→	1↑
1↓	1↓	1↑↓→	-1→	-1	1↑	1↓→	-1↑↓	1→↑
1↑↓	1↑↓	-1↓→	1→↑	-1↑	-1	1↑↓→	1↓	1→
1→	1→	-1↑	1↓	-1↓→	1↑↓→	-1	1→↑	1↑↓
1↑	1↑	1→	1↑↓→	1↑↓	-1↓	-1→↑	-1	1↓→
-1↑↓→	-1↑↓→	1↓	1↑	1→↑	1→	1↑↓	1↓→	+1

Selbstverständlich zeigt sich die Assoziativität auch an den zwei einfachen Beispielen von vorhin.

$(e_1 \times e_2) \times e_3 = e_4 \times e_3 = -e_6$

$e_1 \times (e_2 \times e_3) = e_1 \times e_5 = e_6$

wird jetzt zu:

$(1→↑ \times 1↓→) \times 1↓ = -1↑↓ \times 1↓ = 1↑$

$1→↑ \times (1↓→ \times 1↓) = 1→↑ \times 1→ = 1↑$

$\Rightarrow \quad (1→↑ \times 1↓→) \times 1↓ = 1→↑ \times (1↓→ \times 1↓)$

Oder hier das zweite einfache Beispiel von vorhin:

$(e_5 \times e_6) \times e_7 = e_1 \times e_7 = -e_3$

$e_5 \times (e_6 \times e_7) = e_5 \times e_2 = e_3$

wird jetzt zu:

$(1→ \times 1↑) \times (-1↑↓→) = 1→↑ \times (-1↑↓→) = 1↓$

$1→ \times (1↑ \times (-1↑↓→)) = 1→ \times 1↓→ = 1↓$

$\Rightarrow \quad (1→ \times 1↑) \times (-1↑↓→) = 1→ \times (1↑ \times (-1↑↓→))$

Und auch alle anderen Multiplikationen sind jetzt selbstverständlich assoziativ.

Für die klingonische Philosophie ist es deshalb nicht nachvollziehbar, wieso die sogenannte Mathematik des Planeten Terra an den konventionell-humanen Oktonionen festhält. Die taugen doch nichts!

Und erst recht kann die Relativitätstheorie von wa' nagh mit konventionell-humanen Oktonionen nur unzulänglich ausformuliert werden.

Deshalb soll im Anschluss über relativitätstaugliche, assoziative Oktonionen klingonischer Prägung referiert werden.

Die philosophische Grundlage dafür bildet die ehrenvolle Unendlichkeit: 'ejyaHbatlh

Theorie: Ehrenvolle Unendlichkeit

Die klingonische Philosophie lehnt das Konzept der terranen zyklischen Vertauschung ab. Zum einen ist sie exosoziologisch nicht haltbar (Schetsche, Anton 2019). Und zum anderen beschreibt sie die Unendlichkeit in ehrloser, profaner Weise.

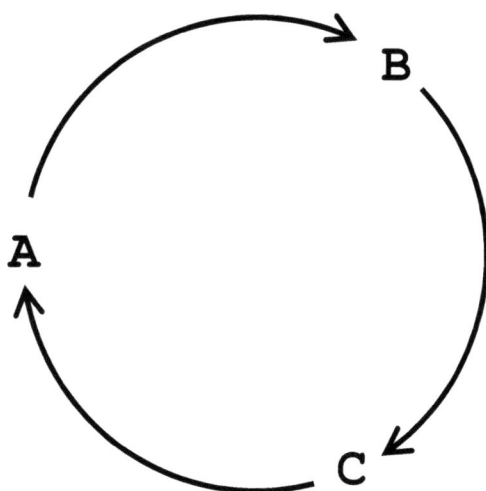

Wird hier C mit A verknüpft, so führt dies auf B.

Zwar stellt sich die zyklische Vertauschung dem zentralen Wesen der Unendlichkeit: Alles dreht sich im Kreis, immer und immer weiter, unendlich ewiglich weiter im Kreis. Aber diese Kreisbewegung ist ehrlos und profan, da sich Zerstörung und Erschaffung subduktivitätsstörend überlagern.

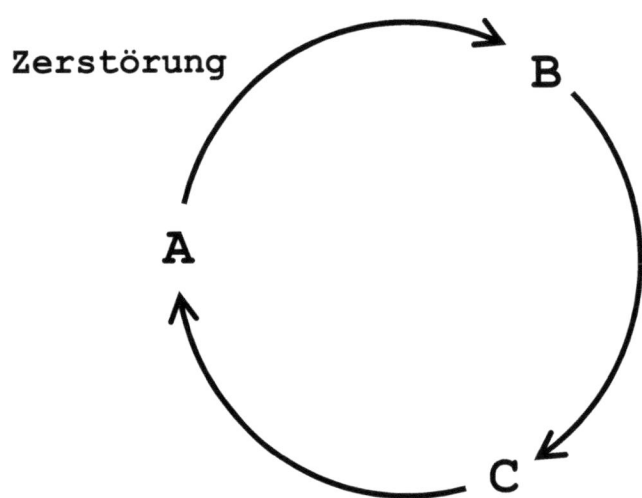

Wenn die Verknüpfung von C mit A durch eine Zerstörung auf B führt, muss der nachfolgende Schritt eine Erschaffung sein: Nach einer Zerstörung folgt immer eine Erschaffung. A verknüpft mit B führt somit durch eine Erschaffung auf C.

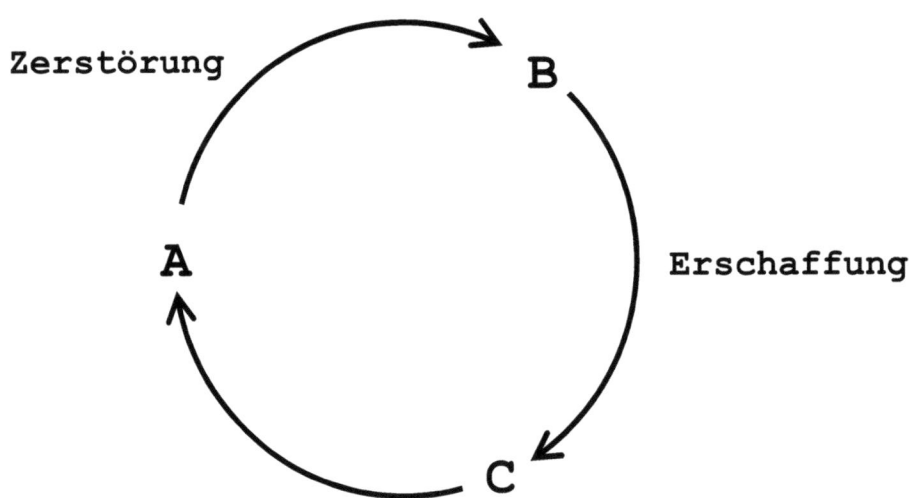

Nach einer Erschaffung folgt immer eine Zerstörung. B verknüpft mit C führt deshalb durch eine Zerstörung auf A.

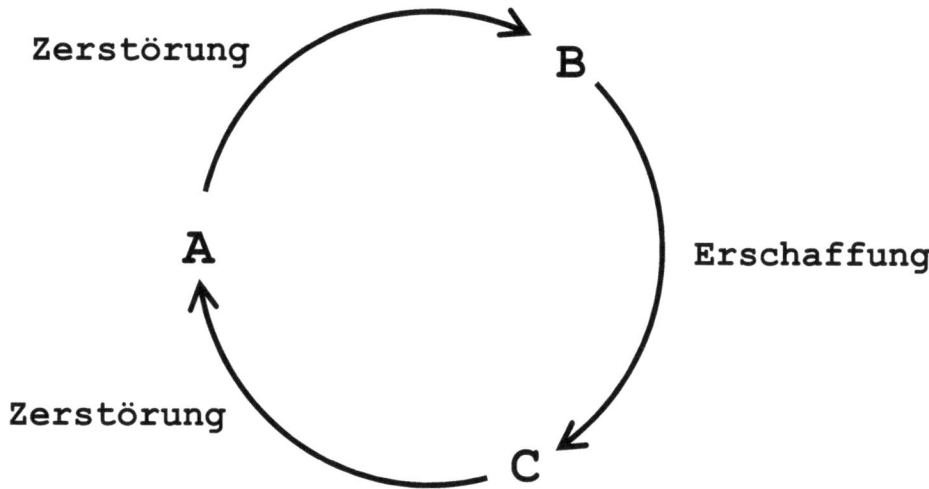

Und genau hier in dieser geologisch unmöglichen Situation, die nur chronologisch aufgelöst werden kann, begründet die klingonische Philosophie die Zurückweisung der zyklischen Vertauschung: Die hier zu beobachtende Subduktivitätstörung zeigt die Unmöglichkeit eines lithosphärischen Abtauchens in die Asthenosphäre an.

Nach einer Zerstörung folgt immer eine Erschaffung. C verknüpft mit A muss deshalb durch eine Erschaffung auf B führen. Dies widerspricht jedoch der bereits anfangs getroffenen Feststellung, dass C verknüpft mit A durch eine Zerstörung auf B führt.

Dieser Widerspruch zeigt aus klingonischer Sicht: Die zyklische Vertauschung ist ehrlos. Sie läuft zwar weiter und weiter, bis in alle Unendlichkeit. Aber sie

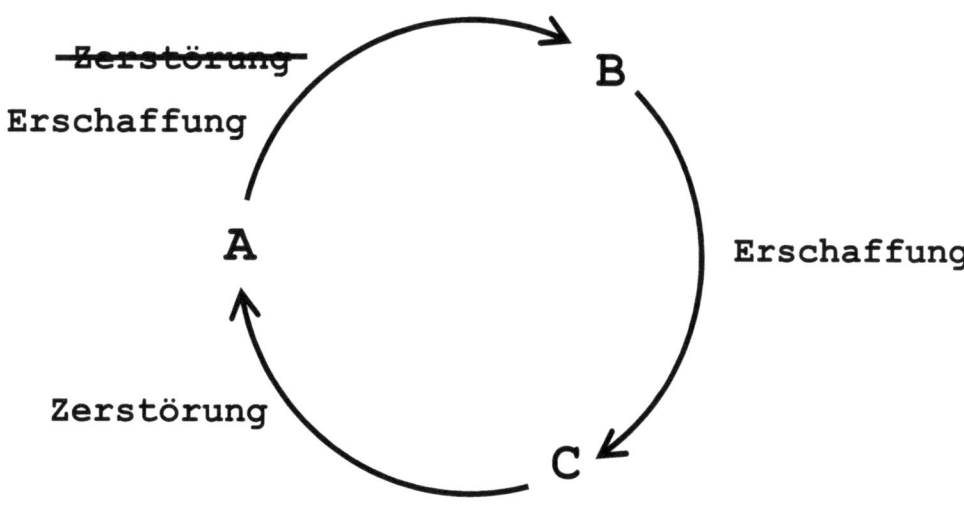

läuft ehrlos weiter, da sie von unauflösbaren Widersprüchen getragen ist: Das lithosphärische Abtauchen in die Asthenosphäre wird verhindert.

Zerstörung ist Zerstörung, Erschaffung ist Erschaffung. Zerstörung kann nie Erschaffung sein, Erschaffung kann nie Zerstörung sein.

Die klingonische Philosophie wird immer auf eine konsistente, innerlich widerspruchsfreie Beschreibung von Zerstörung und Erschaffung drängen.

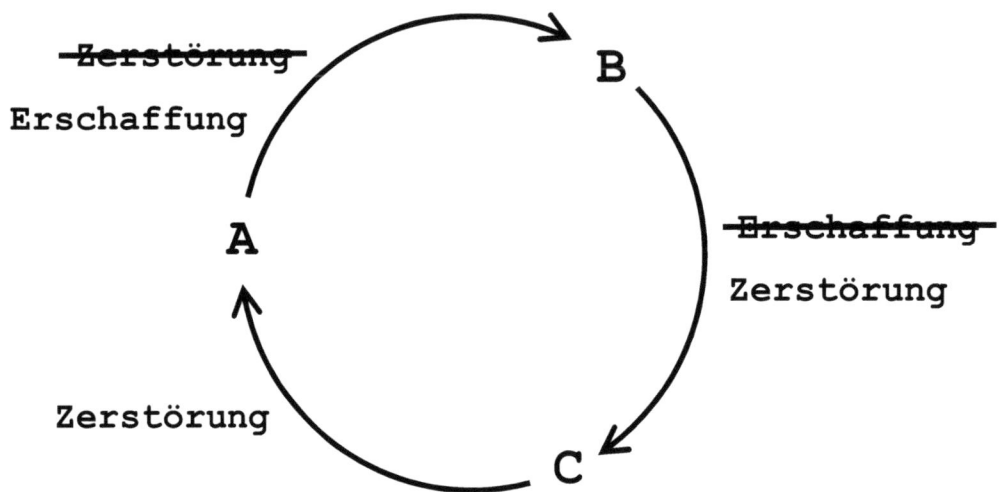

Deshalb ist das Konzept einer zyklischen Vertauschung hochgradig ehrlos, unklingonisch und strikt abzulehnen. Was geometrisch nicht möglich scheint, ist chronometrisch schnell einsichtig, denn an die Stelle der ehrlosen Unendlichkeit zyklischer Vertauschungen setzt die klingonische Philosophie eine ehrenvolle Unendlichkeit: 'ejyaHbatlh.

Nur die ehrenvolle Unendlichkeit erlaubt ein subduktivitätskonformes lithosphärisches Abtauchen der Ausprägungen A, B und C in die Asthenosphäre.

Diese Ausprägungen sind uns im Fall der jungen Zahlen schon bekannt: Glücklich 1↑, stolz 1↓ und glücklich-stolz 1↑↓.

Die linke Seitenkante der assoziativen klingonischen Fano-Ebene werden klingonische Philosophen deshalb nie und nimmer als unendlichen und unendlich ehrlosen Einfach-Kreislauf

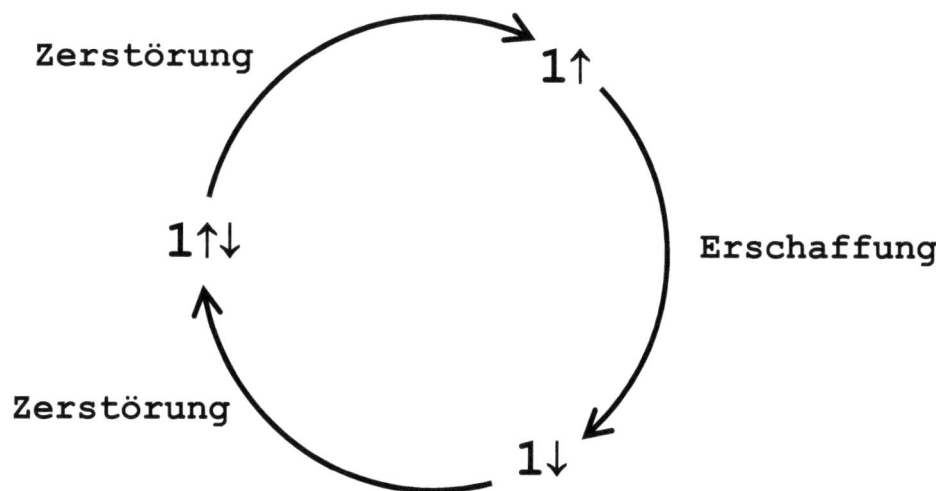

darstellen. Stattdessen zeigt sich die ehrenvolle Unendlichkeit durch einen Kreislauf doppelter Ausprägung, auf den auch das terrestrische Symbol für Unendlichkeit zurückgeht:

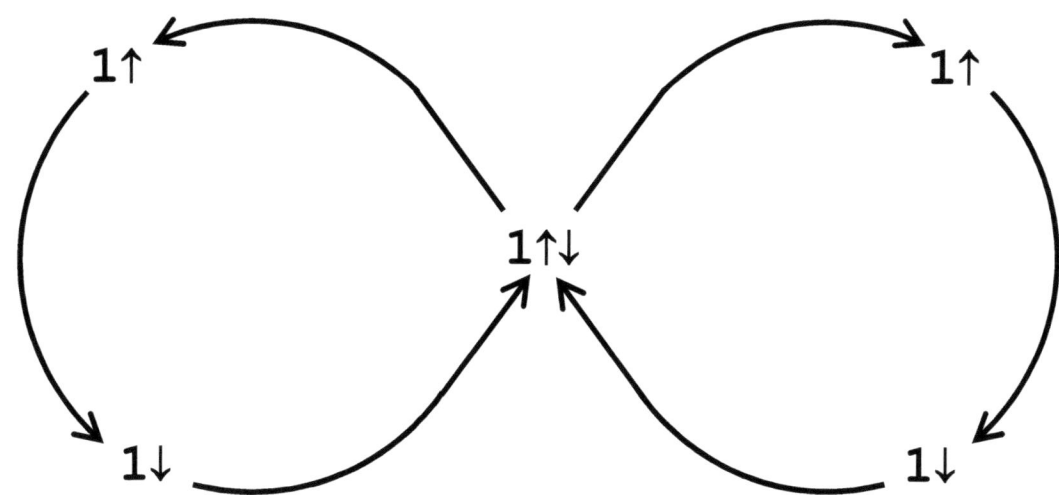

Und deshalb sind auch die Eintragungen an den drei Strecken, die durch die Zentralgröße (–1↑↓→) der Fano-Ebene laufen, aus klingonischer Sicht eine grandiose Bestätigung der 'ejyaHbatlh und in allerhöchster Art und Weise ehrenvoll unendlich. Beispielsweise gilt für die Vertauschungen der senkrechten Zentrallinie bei einer Richtungswahl von oben nach unten:

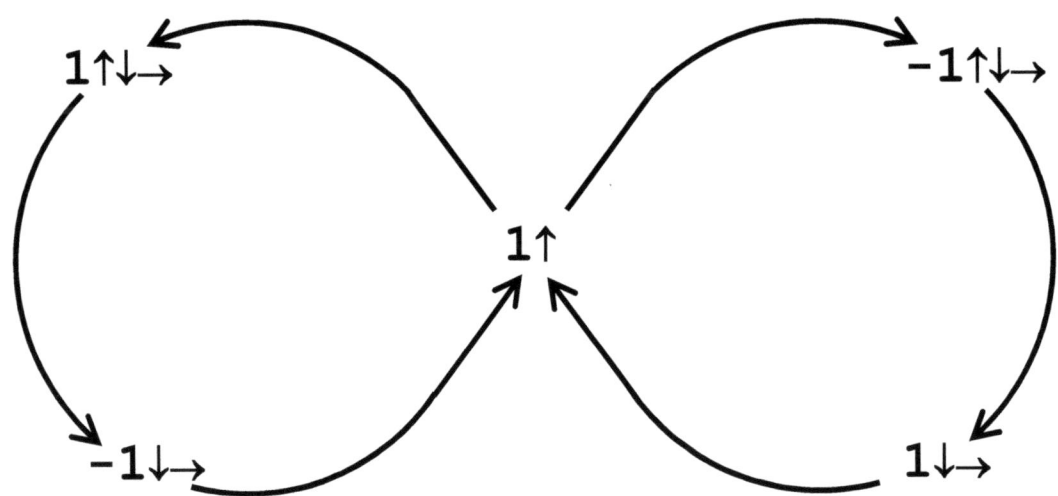

Da die Bi- und Trivektoren einmal durch Zerstörung und ein zweites Mal durch Erschaffung generiert wurden, haben sie ein philosophisch fundiertes und jeweils unterschiedliches Vorzeichen.

Und bei einer Richtungswahl von unten nach oben gilt:

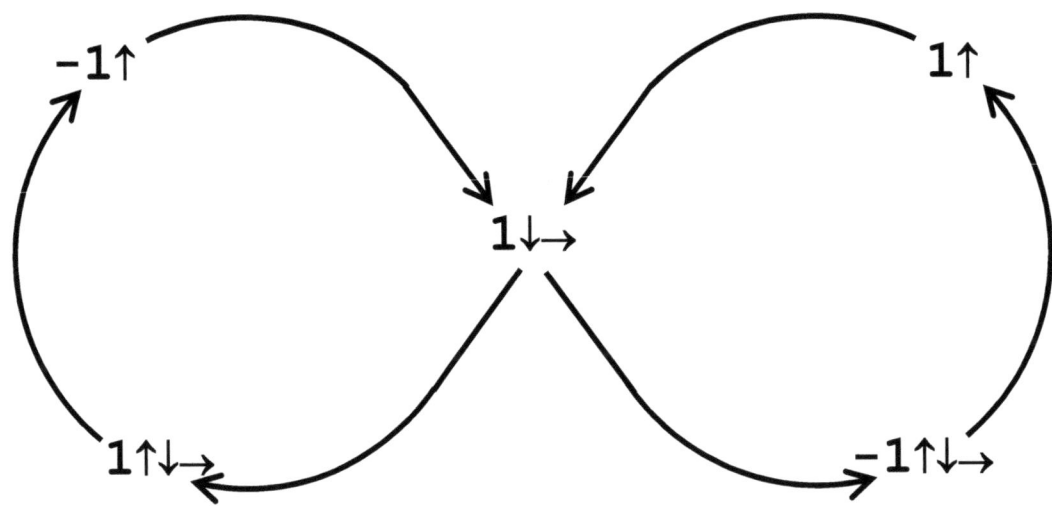

In der Fano-Ebene sind zwar nur die Werte des hier jeweils rechts angegebenen Zyklus der beiden Diagramme angegeben. Jedem klingonischen Philosophen ist aber klar, dass im Sinne des 'ejyaHbatlh automatisch der jeweils linke Zyklus mitzudenken und mitzuberücksichtigen ist.

Diese ehrenvolle Unendlichkeit führt die klingonischen Oktonionen zu einer glanzvollen Erhabenheit,

die kein Philosoph negieren kann. Die Unendlichkeit
wird erst durch die Interdependenz der beiden Zyklen
ehrenvoll. Eine einfache Unendlichkeit ist für Klingonen inakzeptabel, denn jede Unendlichkeit muss erhaben und ehrenvoll sein.

Nur so schafft sie in grandioser und gleichzeitig graziler Art und Weise Raum für ehrenvolle Zerstörung
und ehrenvolle Neuerschaffung.

Und nur so - es wird sich im folgenden Buch zur Relativitätstheorie des wa' nagh klar zeigen - schafft
sie in grandioser und gleichzeitig graziler Art und
Weise Zeit für ehrenvolle Zerstörung und ehrenvolle
Neuerschaffung.

Nur so erschaffen sich Raum und Zeit. Und deshalb
gilt: Nur die klingonische Relativitätstheorie taucht
wirklich erhaben lithosphärisch in die Asthenosphäre
ein.

Resümee

Die logisch subduktiven Ansätze der klingonischen Philosophie sind terrestrisch-prozessualen Beschreibungs-
mustern überlegen. Sie blicken hinter die Prozesse, in
die Prozesse hinein und schaffen dadurch eine kreative
Dominanz.

Die ehrlos-humanoide Geo-Metrie (Erdmessung) kann dem
Konzept einer ehrenvollen Zerstörung der Chrono-Metrie
nicht gerecht werden. Es ist deshalb notwendig, klingonische Beschreibungsmuster in die human-terrestri-
schen Denkungsformen einzubeziehen, damit eine inter-
kausale Verknüpfung philosophischer und mathematischer
Wechselwirkungen gelingt.

Und da auf oktonionischer Ebene nur die klingonischen
Ansätze eine Assoziativität gewährleisten, kann eine
human-terrestrische graphische Überformung nicht trag-

fähig implementiert werden. Im Gegenteil: Die chrono-
metrische Ausprägung der Fano-Ebene

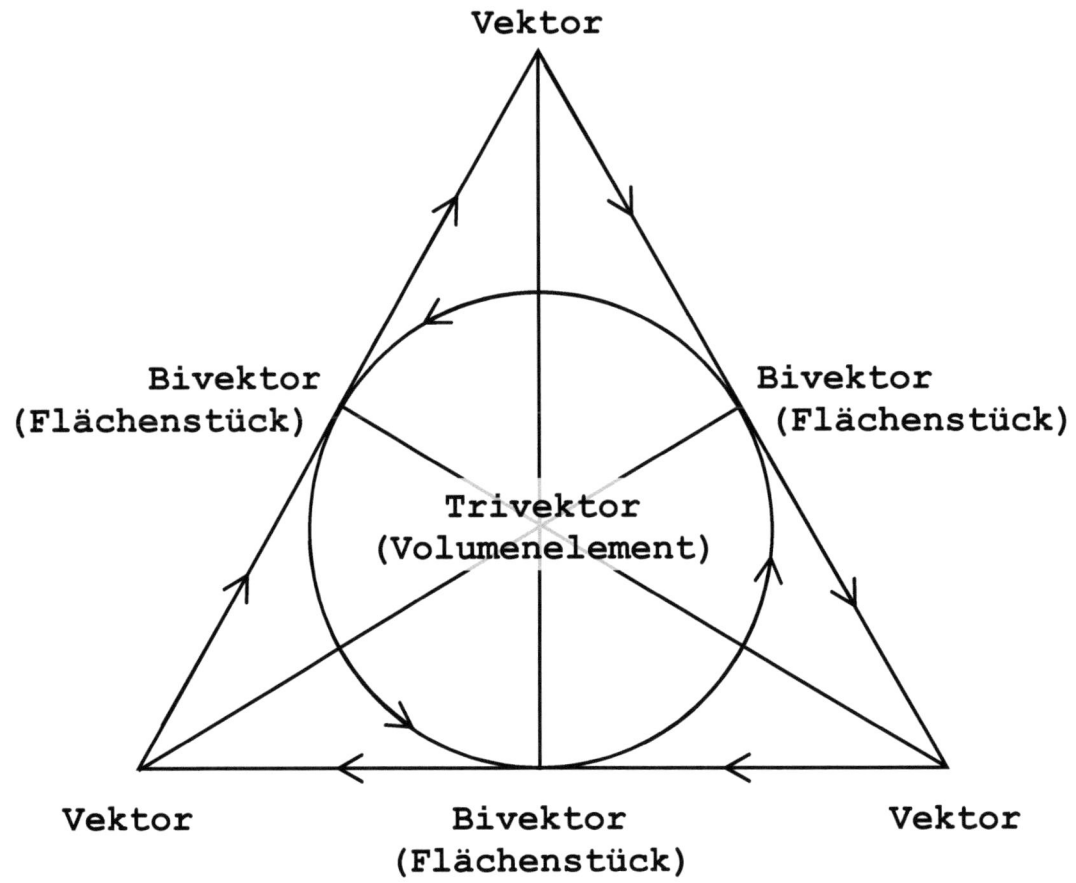

zeigt eine klar überlegene, sehr ehrenvolle und außerordentlich subduktive Erhabenheit.

Diese klingonische Erhabenheit schätzen wir. Diese
klingonische Erhabenheit verteidigen wird.

Es lebe der humanoide Klingonismus!

Er lebe hoch, hoch, hoch!

Kämpfen wir weiter, um den Geist zu bereichern!

Literatur

Floris Schönfeld, Kees Ligtelijn, Vincent W. J. Van Gerven Oei (Hrsg.): paq'batlh - The Klingon Epic. Translated by Marc Okrand. Punctum Books, Uitgeverij, Den Haag 2011.

John Baez: The Octonions. Bulletin of the American Mathematical Society, Vol. 39, No. 2 (2002), S. 145 - 205.

John Horton Conway, Derek A. Smith: On Quaternions and Octonions. Their Geometry, Arithmetic, and Symmetry. A. K. Peters, Natick, Massachusetts 2003.

John Horton Conway, Richard K. Guy: Zahlenzauber. Von natürlichen, imaginären und anderen Zahlen. Birkhäuser Verlag, Basel 1997.

Michael Schetsche, Andreas Anton: Die Gesellschaft der Außerirdischen. Einführung in die Exosoziologie. Springer VS / Springer Fachmedien, Wiesbaden 2019.

Moshe Carmeli: Space, Time, and Velocity in Cosmology. In: International Journal of Theoretical Physics, Vol. 36, No. 3, 1997, S. 757 - 770.

Tilman Pehle (Red.): Das große Tafelwerk interaktiv 2.0. Cornelsen / Volk und Wissen, Berlin 2011.

Forschungsgruppe Beatushöhlen: tlhIngan paq SImmeH mI'mey law'. Klingon Book of Calculating Numerous Numbers. Klingon Book of Multiplication, Beatenberg 2022.

Uwe-Peter Tietze, Manfred Klika, Hans Wolpers (Hrsg.): Mathematikunterricht in der Sekundarstufe II. Band 2 - Didaktik der Analytischen Geometrie und Linearen Algebra. Friedriech Vieweg & Sohn, Braunschweig/Wiesbaden 2000.

Walter Ernsting: Der Tag, an dem die Götter starben. Lizenzausgabe, Moewig Taschenbuchverlag, Rastatt 1985.

Weiterer Buchhinweis:

Anonymous / Clumsy Foo

**Raumzeit und Quaternionen
Anmerkungen zur Mathematik der
Außerirdischen**

ISBN: 978-3-7504-1787-8 (Print, 29,45 €)
ISBN: 978-3-7504-7350-8 (eBook, 7,99 €)

Die außerirdischen Zivilisationen in unserer lokalen Nachbarschaft planen die Einberufung einer Vollversammlung der raumreisenden Intelligenzen. Per Ufo-Botschaft werden die in Frage kommenden Zivilisationen informiert. Die dazu notwendigen Berechnungen finden sich in diesem Buch.